Studio Faust Present

In the mind of Nelly…

Project art 201

Painting By Nelly

A production By Giorgos Kroustalis

Athens
Greece
2014

Πρόλογος

Λοιπόν Project 201. Ζωγραφική, μαγεία χρωμάτων και δημιουργική τέχνη. Ψηφιακή ζωγραφική από έναν καλλιτέχνη, ή μάλλον Μία καλλιτέχνη την Nelly. Γιατί η Nelly είναι γυναίκα. Μια μυστηριώδης ύπαρξη, ένα πλάσμα περίεργο, δυσκολονόητη και απόμακρη. Είναι Ελληνίδα, ή μπορεί να είναι και εξωγήινη, ή να μην υπήρξε ποτέ, και άλλα τέτοια πολλά… Είναι η τέχνη της που αποτυπώνει πάνω σε δρόμους ψηφιακούς, μέσα από τους σύγχρονους υπολογιστές, ταξιδεύοντας με σε άγνωστους τόπους έξω-πραγματικούς, με συναισθήματα πρωτόγνωρα που με έκανε να ασχοληθώ μαζί της…

201 ψηφιακά έργα της. Γιατί 201; Μα δεν είναι 201, τα μέτρησες; Είναι κάποια έργα, αυτά που μ' αρέσουν, αυτά που θα ήθελα να τα έβλεπα σε κάποιο μουσείο μοντέρνας τέχνης του κόσμου! Θα μπορούσαν να ήταν και 356, ή 689, ακόμα και 3677 και να γέμιζα 2 ή 3 και 4 βιβλία-λευκώματα με τις μαγικές ζωγραφιές της… Ίσως το επόμενο Project να είναι αυτό!

Για την ώρα και σε αυτό το βιβλίο λεύκωμα αποφάσισα να δώσω μια μικρή γεύση από το μεγάλο καλλιτεχνικό της έργο. Μια πρώτη επαφή με αυτό το μεγάλο έργο που κάνει αυτή η δημιουργός. Διάλεξα τυχαία 201 έργα, με την πρώτη ματιά μου, αυτά που μου έδιναν ένα "κλικ" παραπάνω μέσα στο μυαλό μου… Τα έργα έχουν το καθένα την ονομασία τους. Όμως εγώ δεν έβαλα κανένα τίτλο τους από κάτω για έναν απλό λόγο. Θέλω ο θεατής-αναγνώστης να βάλει τον δικό του τίτλο σε αυτό που θα δει. Να αφήσει τον εαυτό του, την ψυχή του να ταξιδέψει παρασυρόμενος από το πολύχρωμο ψηφιακό καμβά που έχει εμπρός του… Ένας τίτλος μια λεζάντα από κάτω, είναι απλά μια τυπική ταυτότητα του κάθε έργου. Ομολογώ πως κάποιες φορές παρασύρθηκα από το εσωτερικό μήνυμα του έργου και έγραψα από κάτω κάποιες σειρές λέξεων ποιητικές ατάκες, ξαφνικές εικόνες που μου κέντριζαν την ψυχή μου. Τα έργα μιλούν. Τα έργα θέλουν εσένα θεατή να ανακαλύψεις τι θέλουν να πουν...

Αλλά όμως η ζωγραφική της Nelly δεν έχει σύνορα, τίτλους και υπότιτλους... ούτε καν πατρίδα... Έχει μια φαντασμαγορική πανδαισία χρωμάτων, θεμάτων και απόψεων... Άλλοτε σουρεαλιστική, πολλές φορές ρεαλιστική, έως πεζή θα έλεγα, και πολλές φορές με έννοιες που θέλει ο θεατής να ανακαλύψει. Και που πρέπει να μπει βαθιά στο έργο σκεπτόμενος «τι να θέλει να πει άραγε ο δημιουργός με αυτό που βλέπω» ;

Απ' την άλλη δεν βάζω τα έργα με χρονολογική σειρά -μιας και η καλλιτέχνης εργάζεται πάνω σε αυτά πολλά-πολλά χρόνια-, για τον απλό ξανά λόγο... Όλα τα έργα είναι τέχνη, από το πιο απλό έως το πιο πολύπλοκο, από το μονόχρωμο έως το πολύχρωμο, δεν έχει σημασία το πότε δημιουργήθηκαν αλλά το πότε θα τα απολαύσει ο θεατής... Άλλωστε η Nelly υπογράφει δυναμικά τα έργα της αφήνοντας το στίγμα της στον χώρο και τον χρόνο για πάντα.

Μέσα στο έτος 2014, όπου όλα είναι ρευστά και απίστευτα, απλά και πολύπλοκα, τρελά και ήρεμα, σιωπηλά και κραυγαλέα, η Nelly με την ψηφιακή ζωγραφική της, την δημιουργική της τέχνη, χαράζει το παρόν, απολαμβάνει το παρελθόν και οραματίζεται το μέλλον. Απολαύστε και ταξιδέψτε μαζί της μέσα από την πολύχρωμη δουλειά της...

Γιώργος Κρουστάλης.

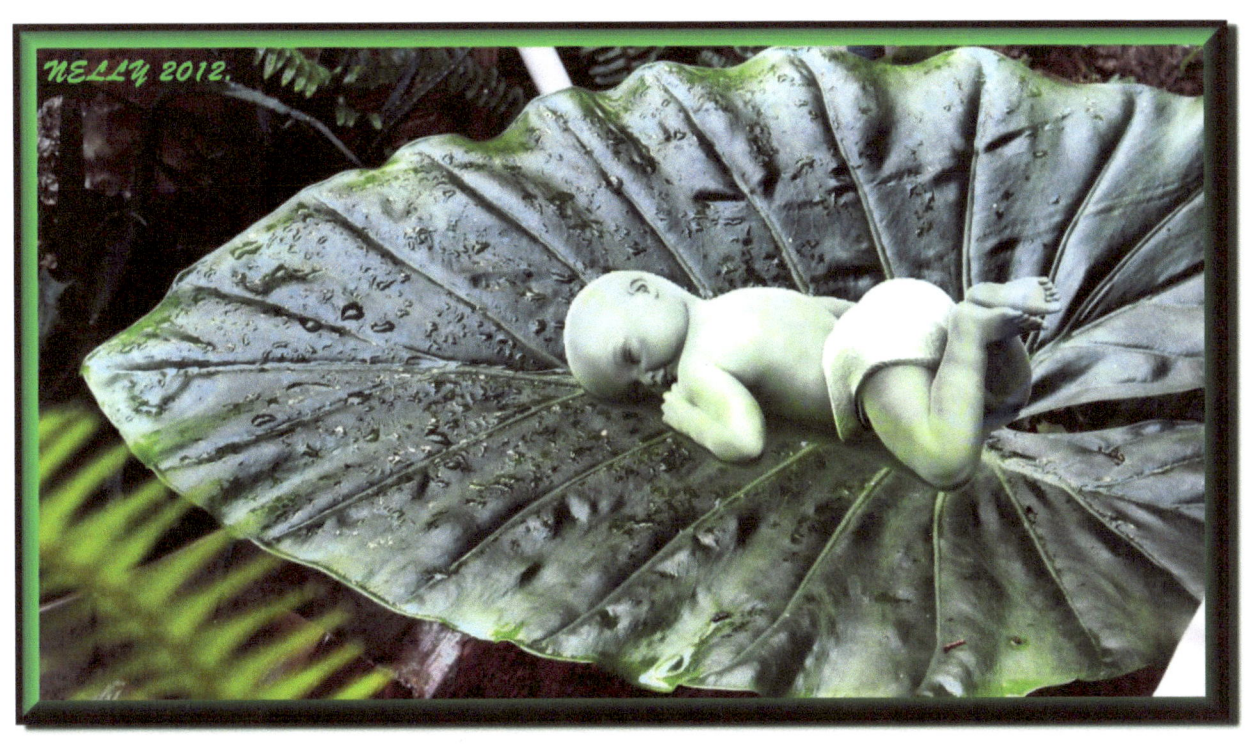

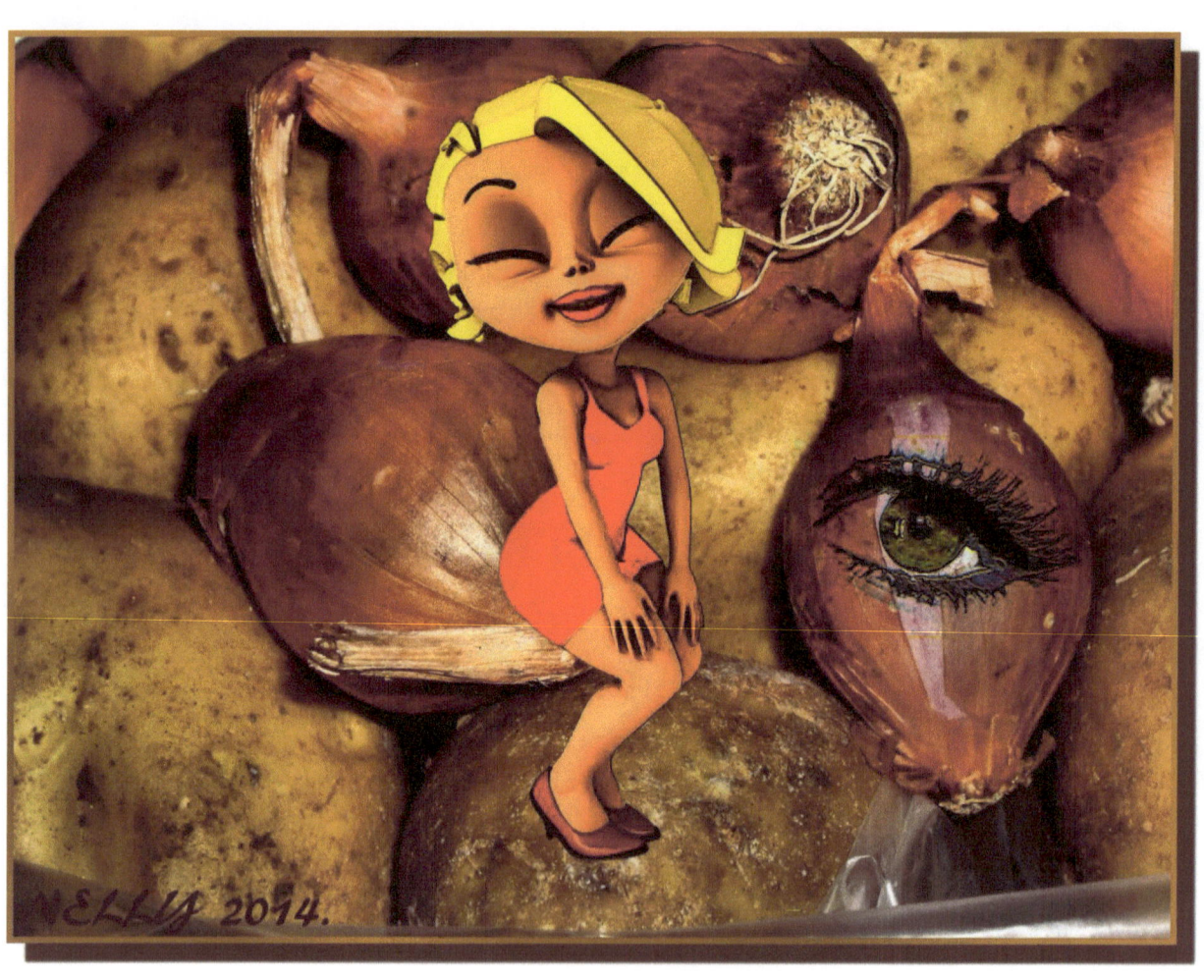

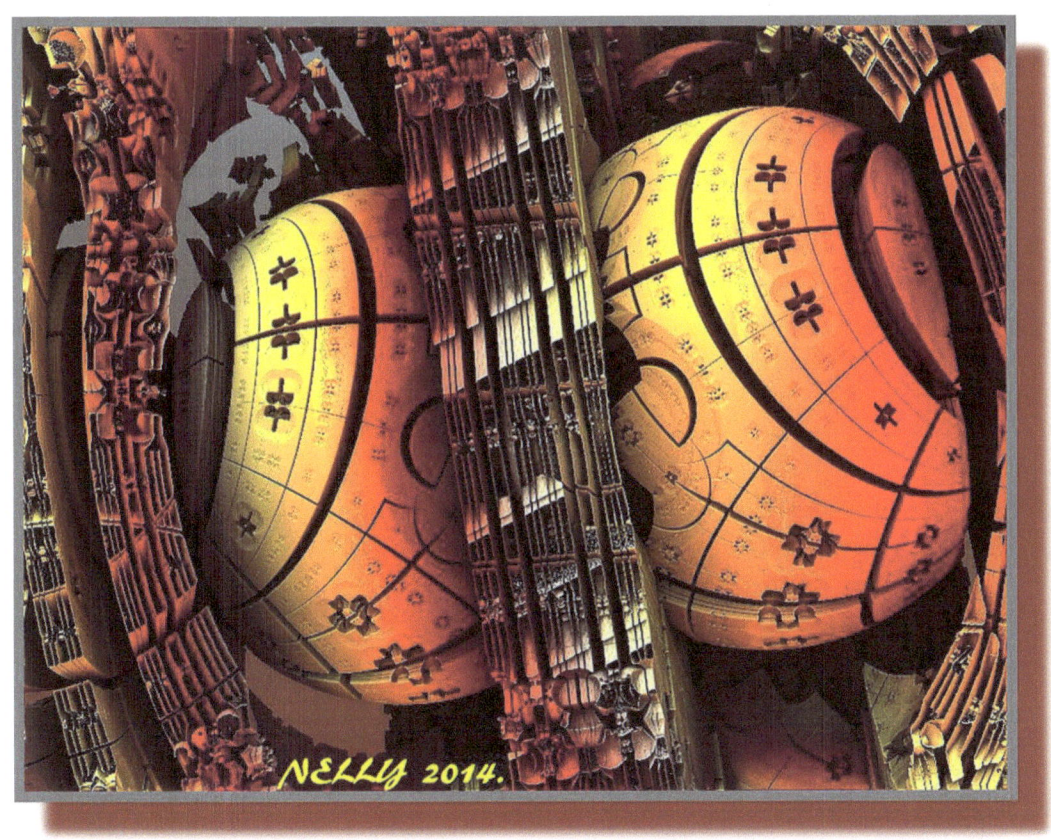

… Forms in time are altered, they look at us suddenly
From somewhere far away…

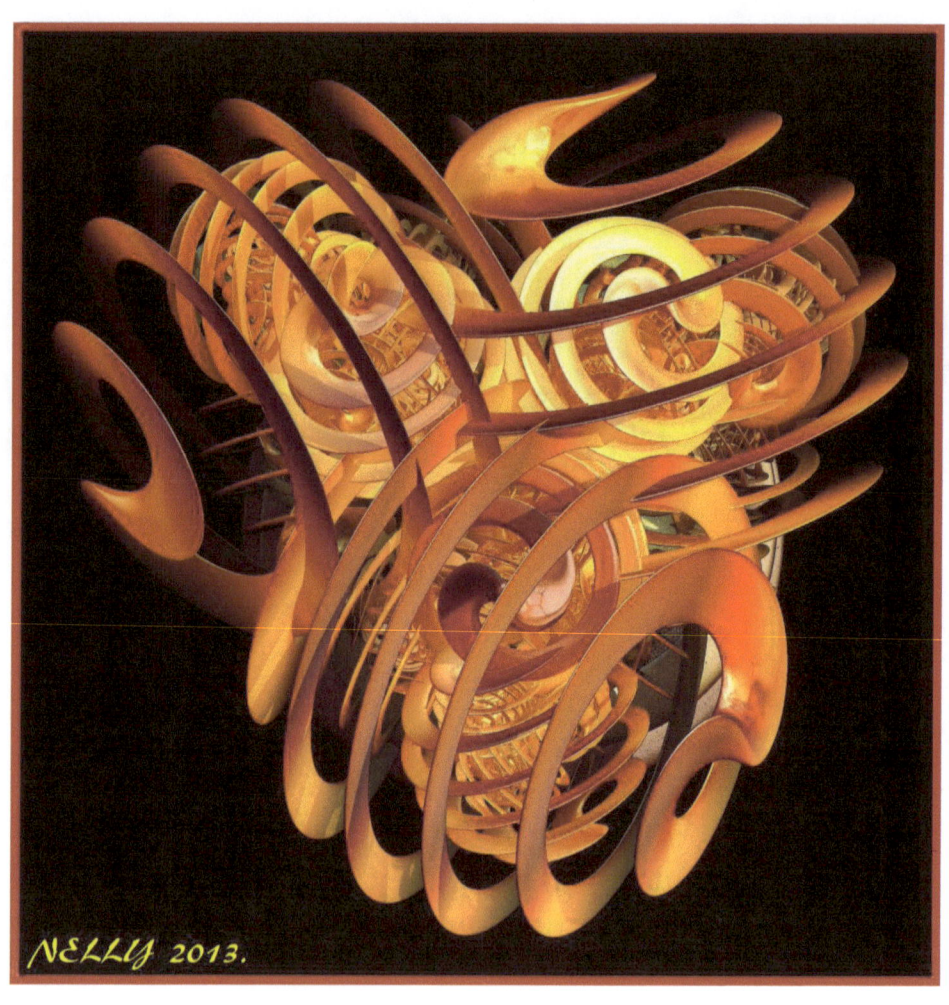

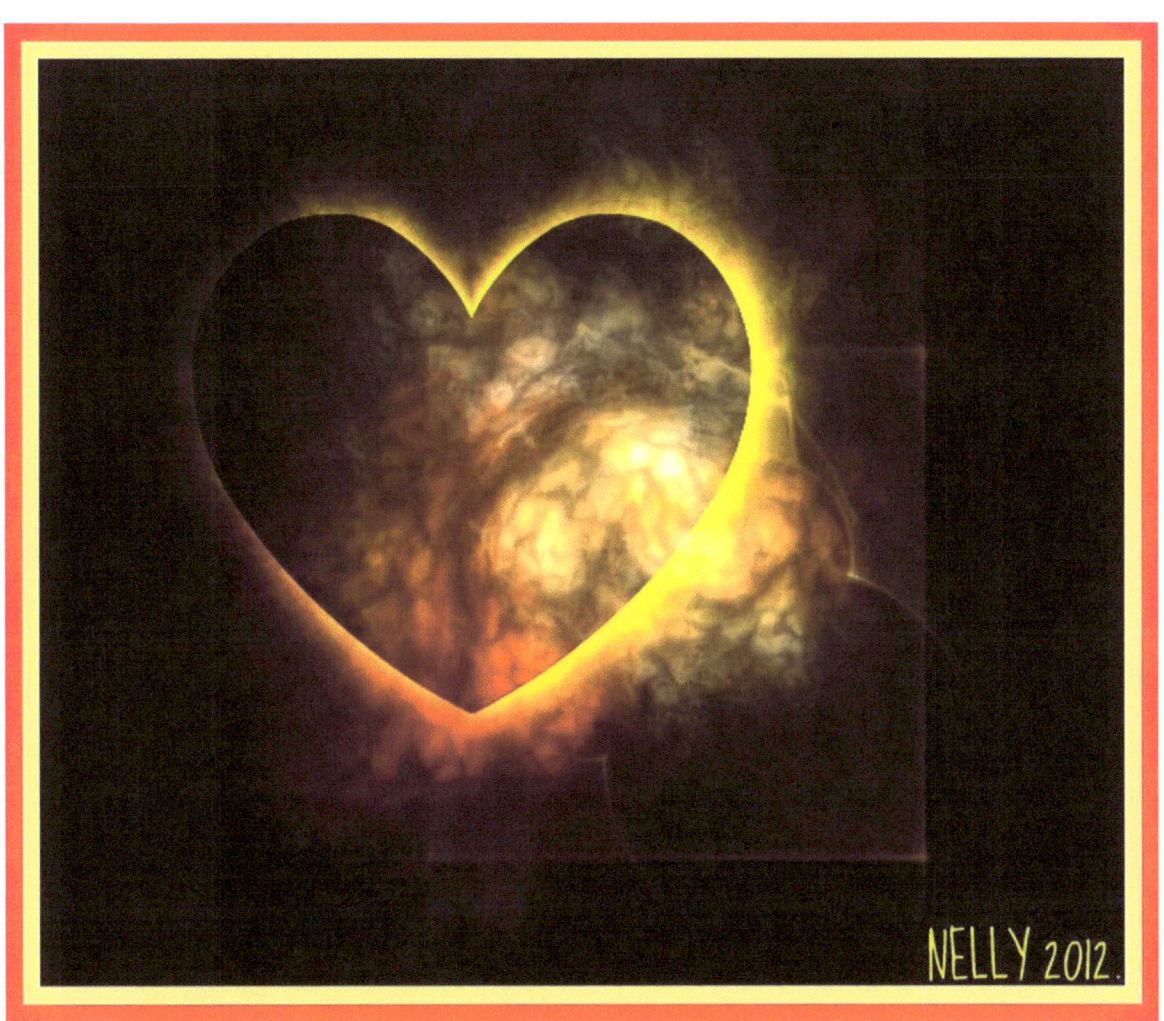

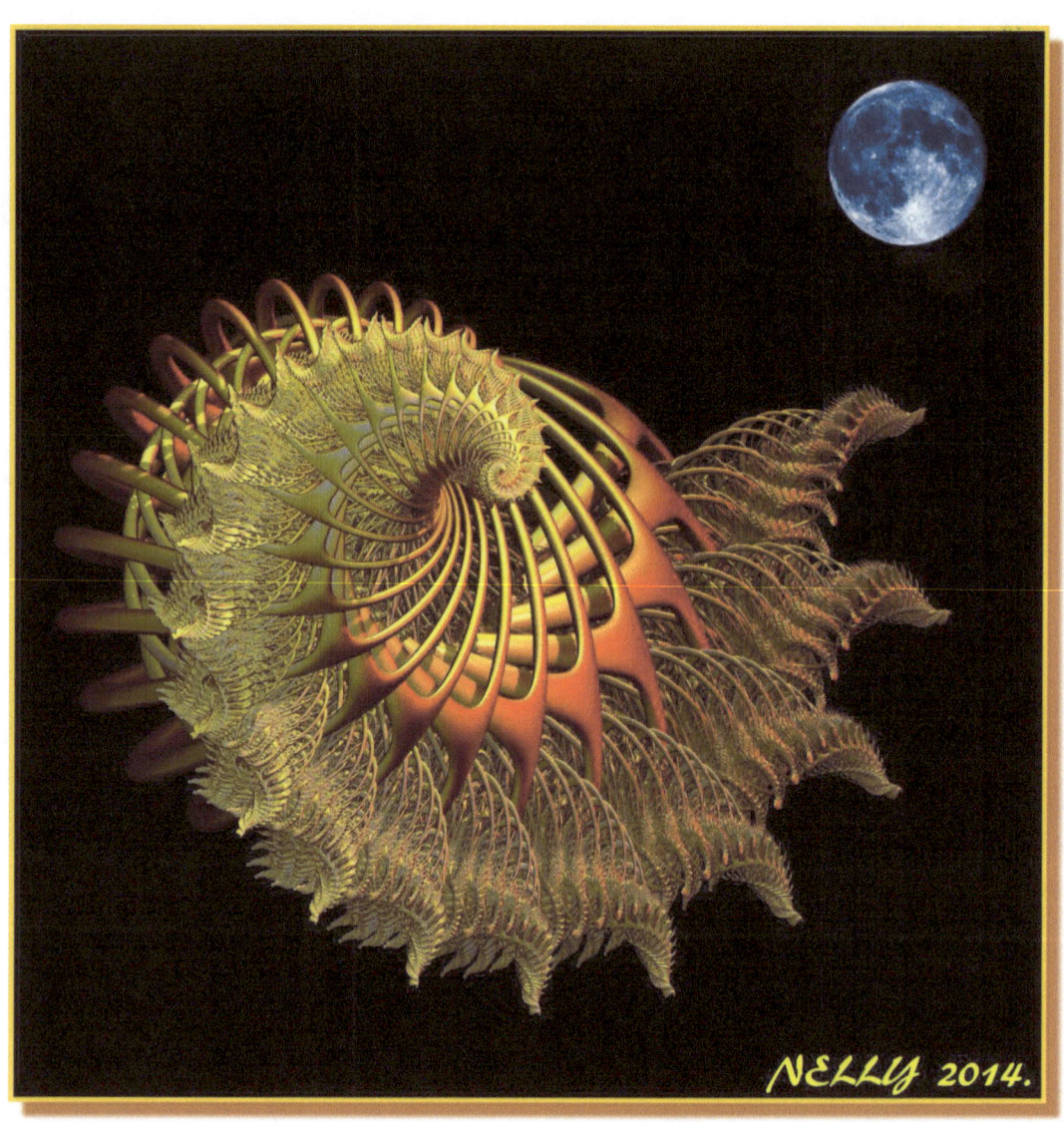

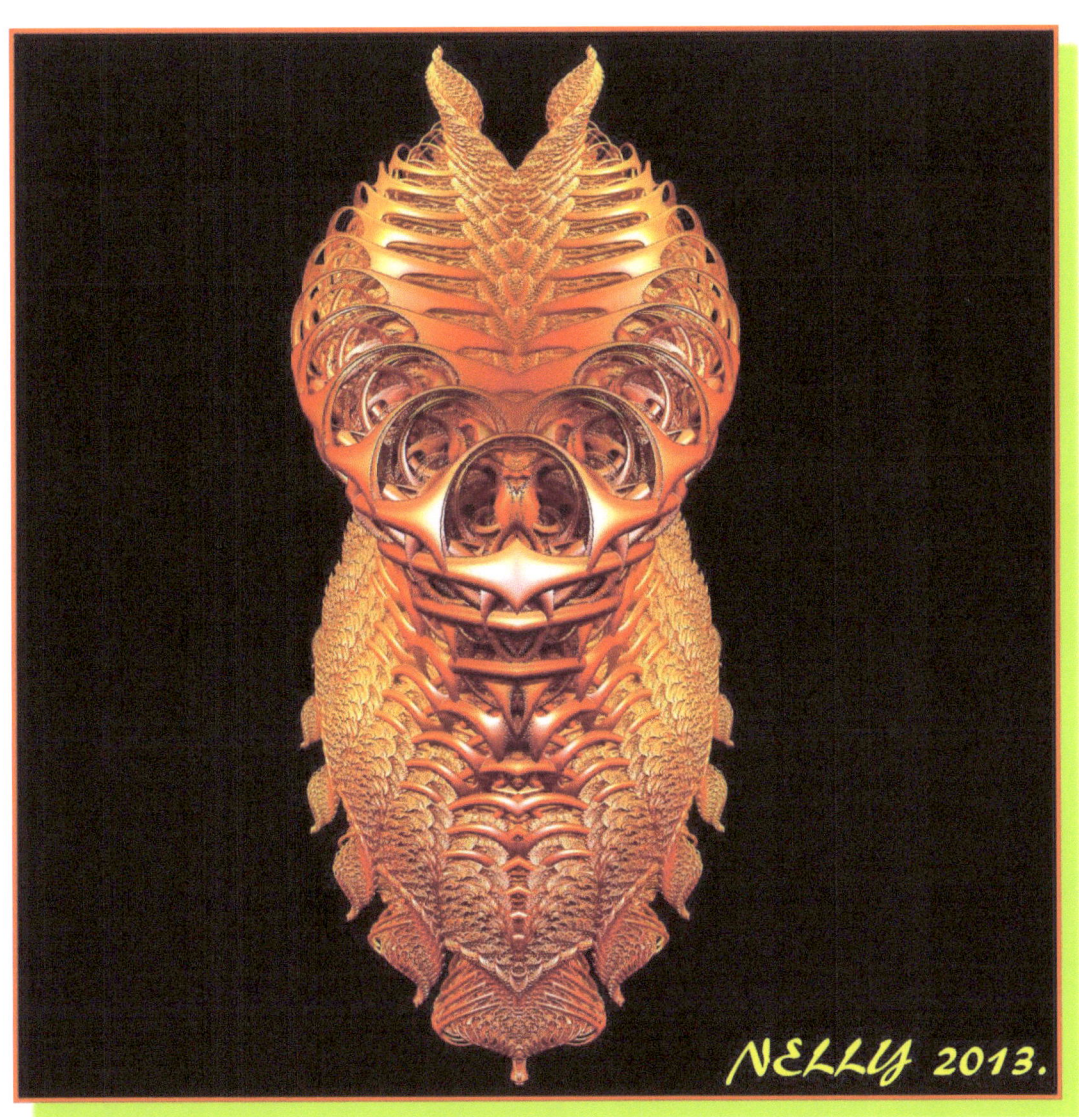

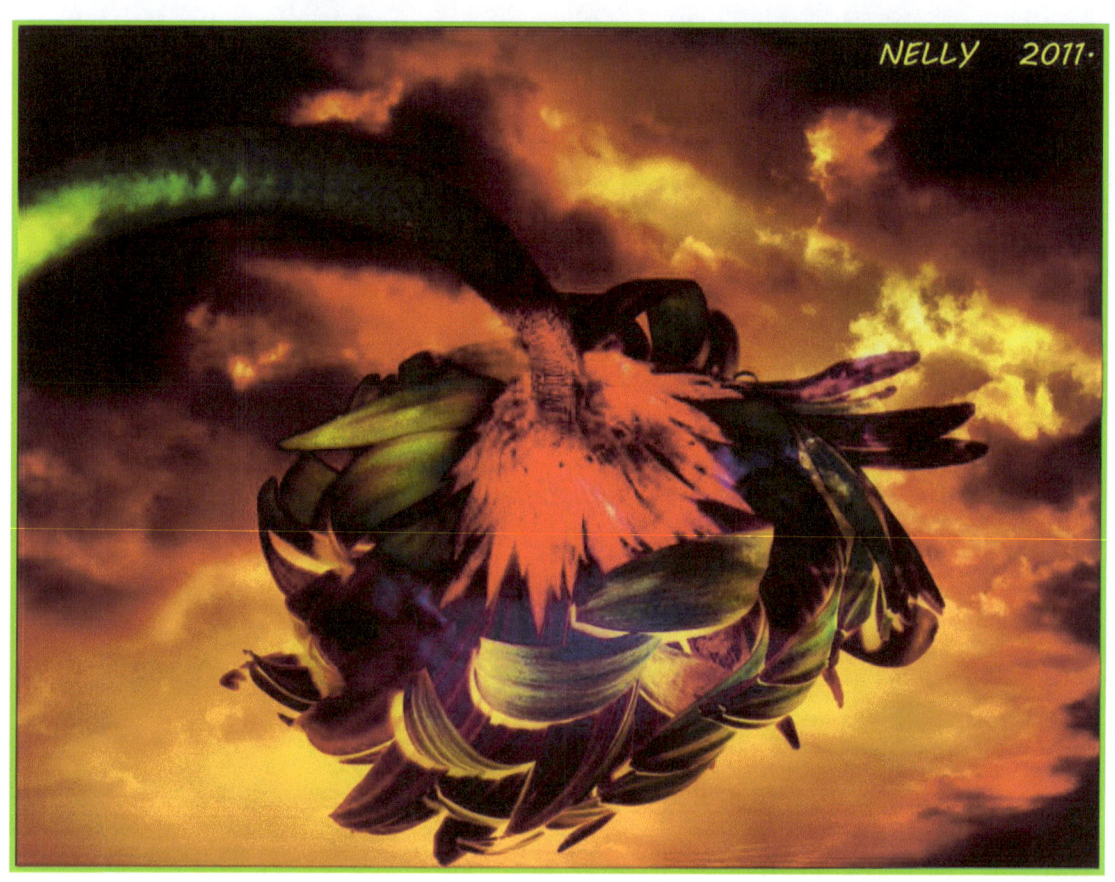

...if closed in yourself, you will not see each other
Your own behalf ... this pearl of life...

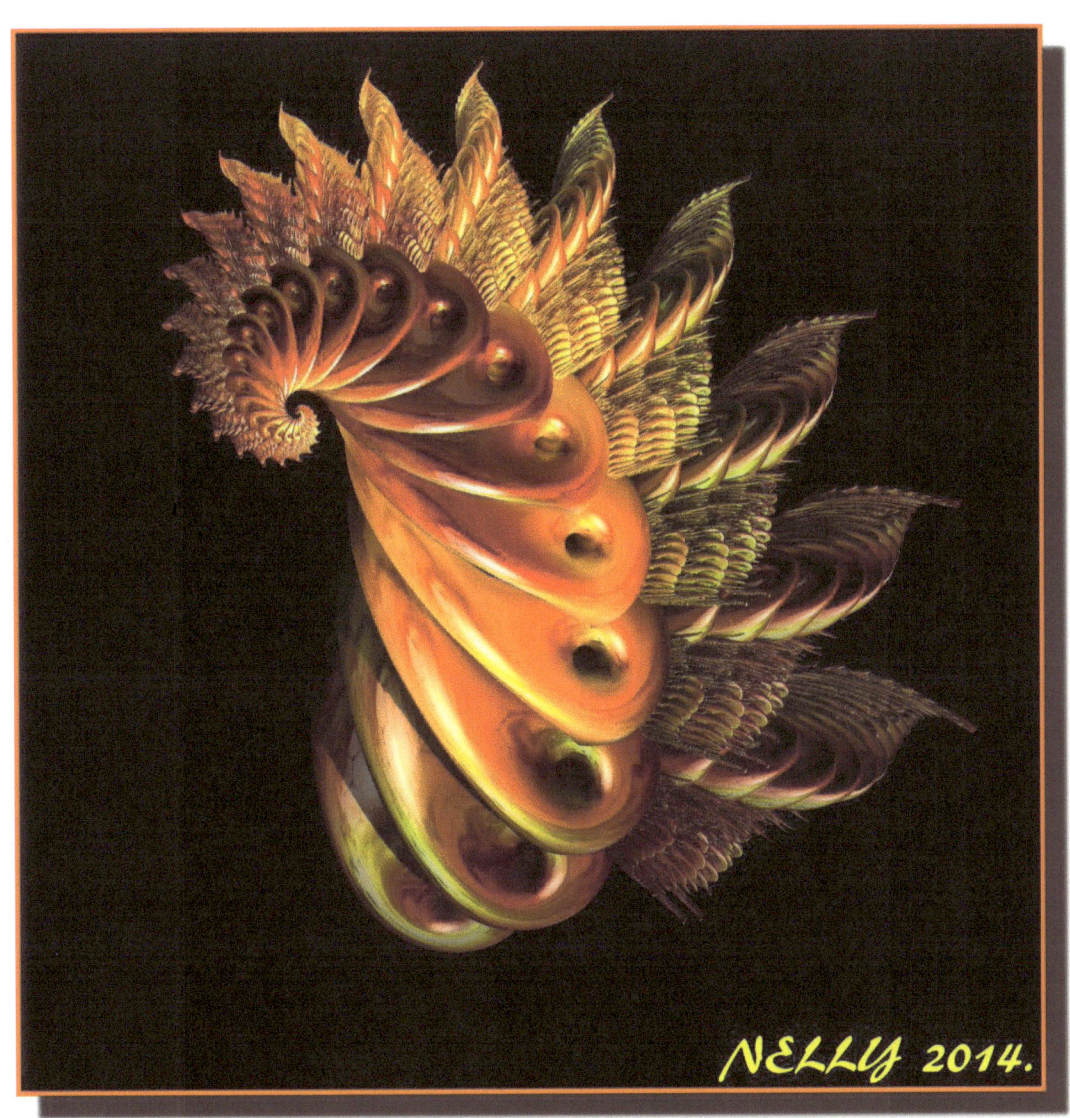

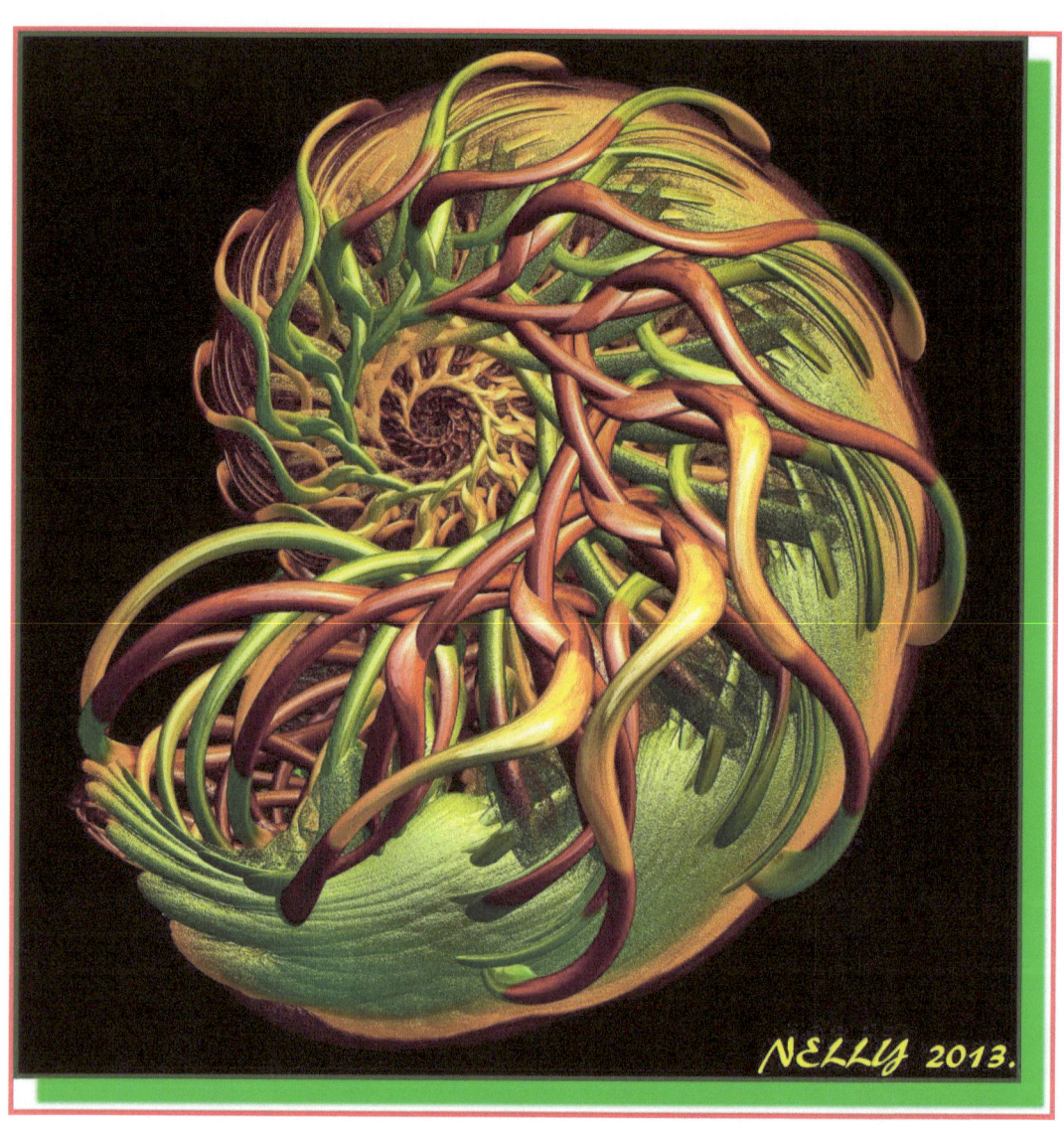

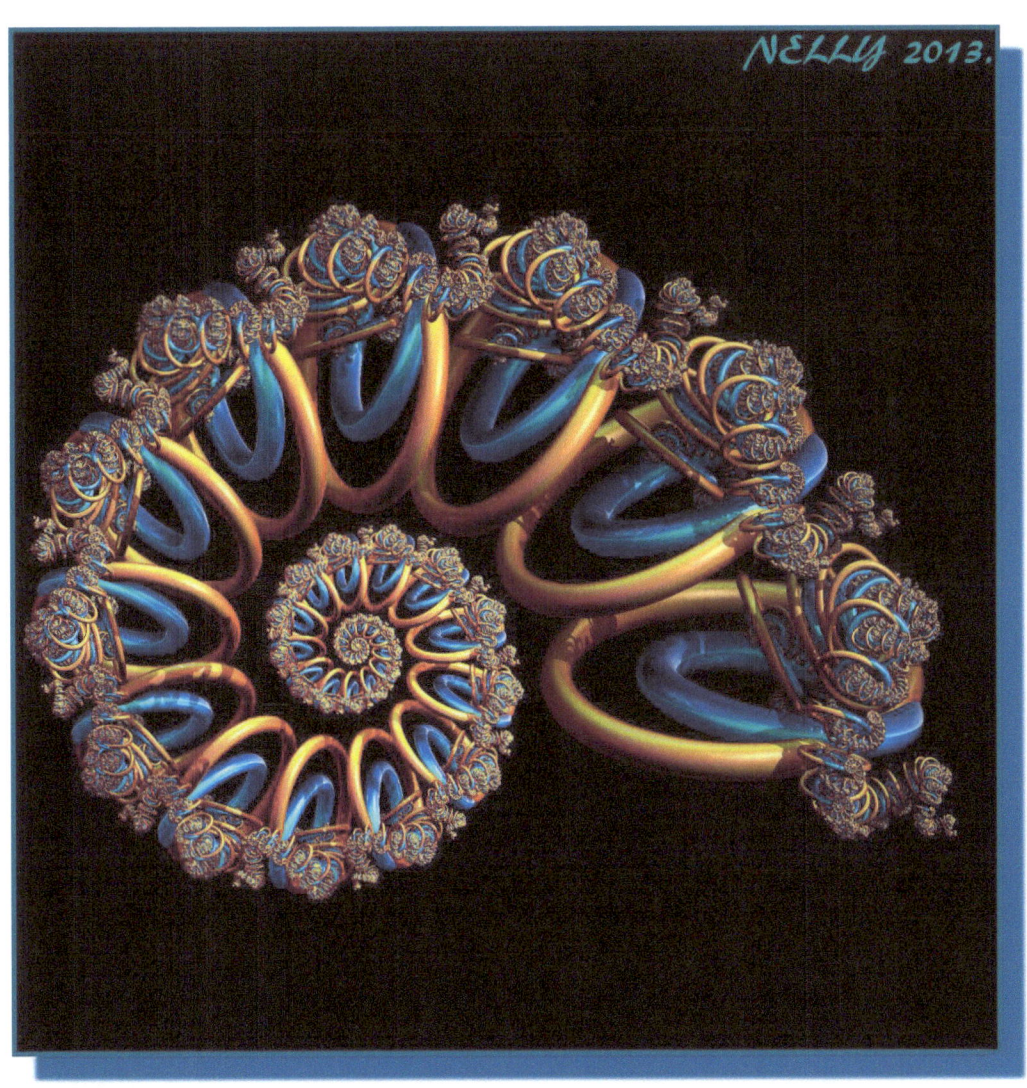

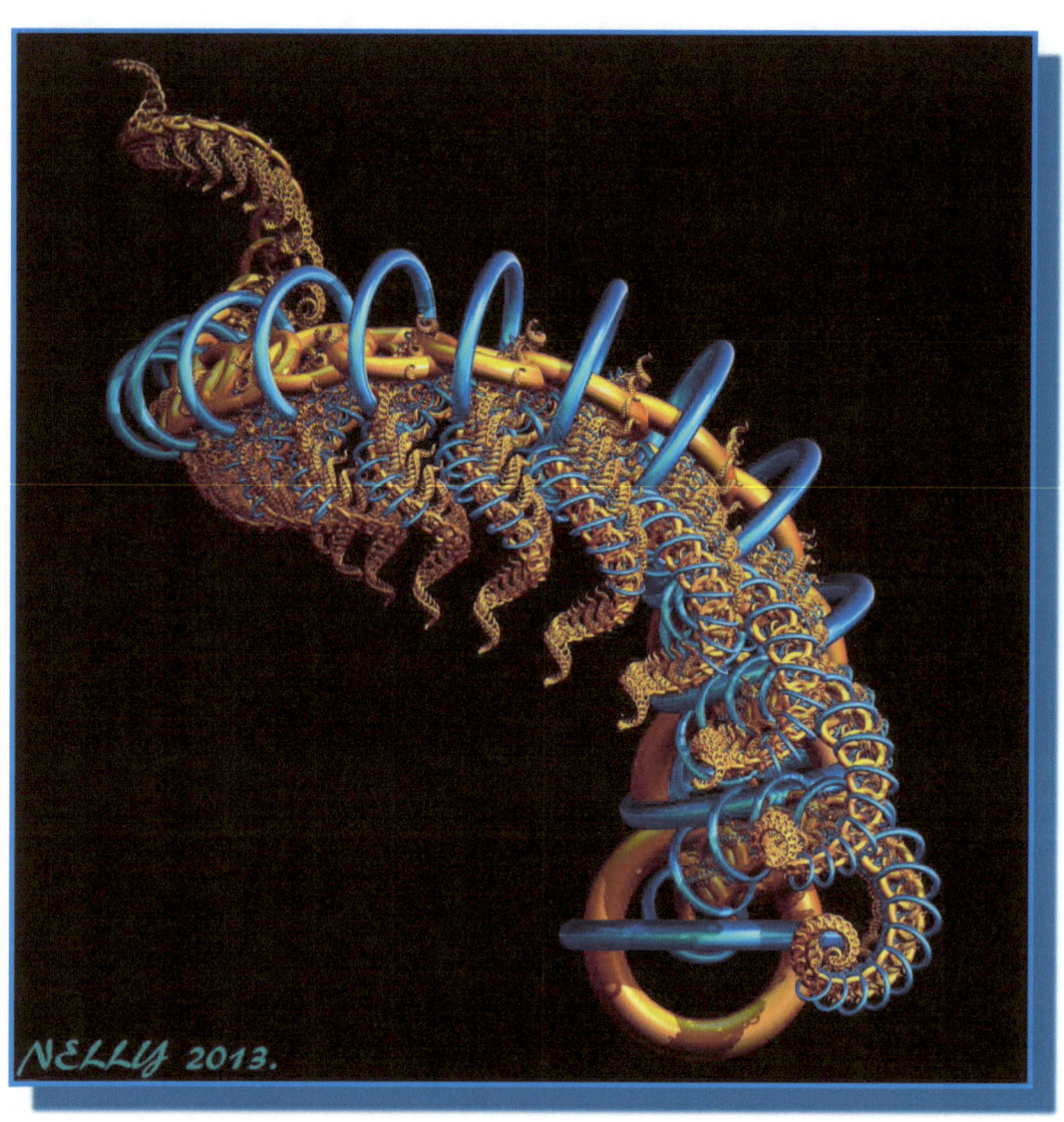

NELLY 2013.

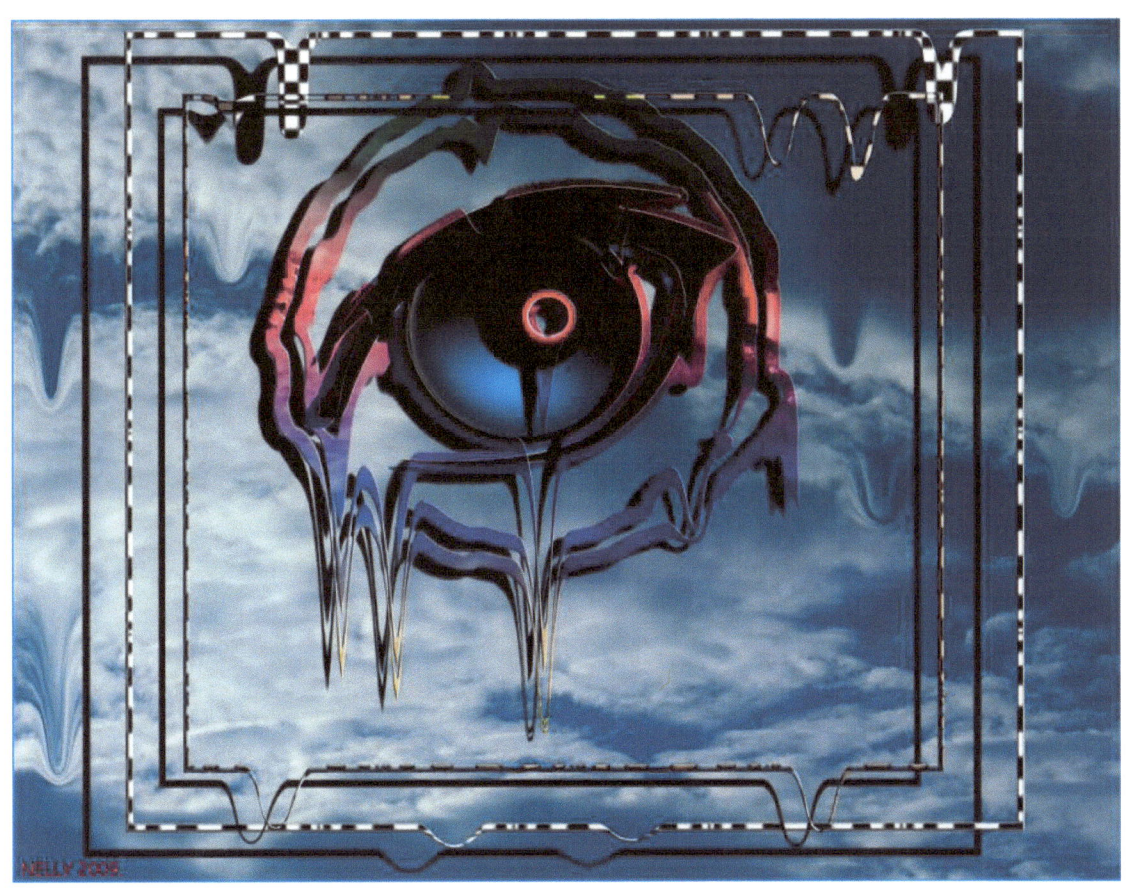

… Cyclones has life, erotic hallucinations as storms …

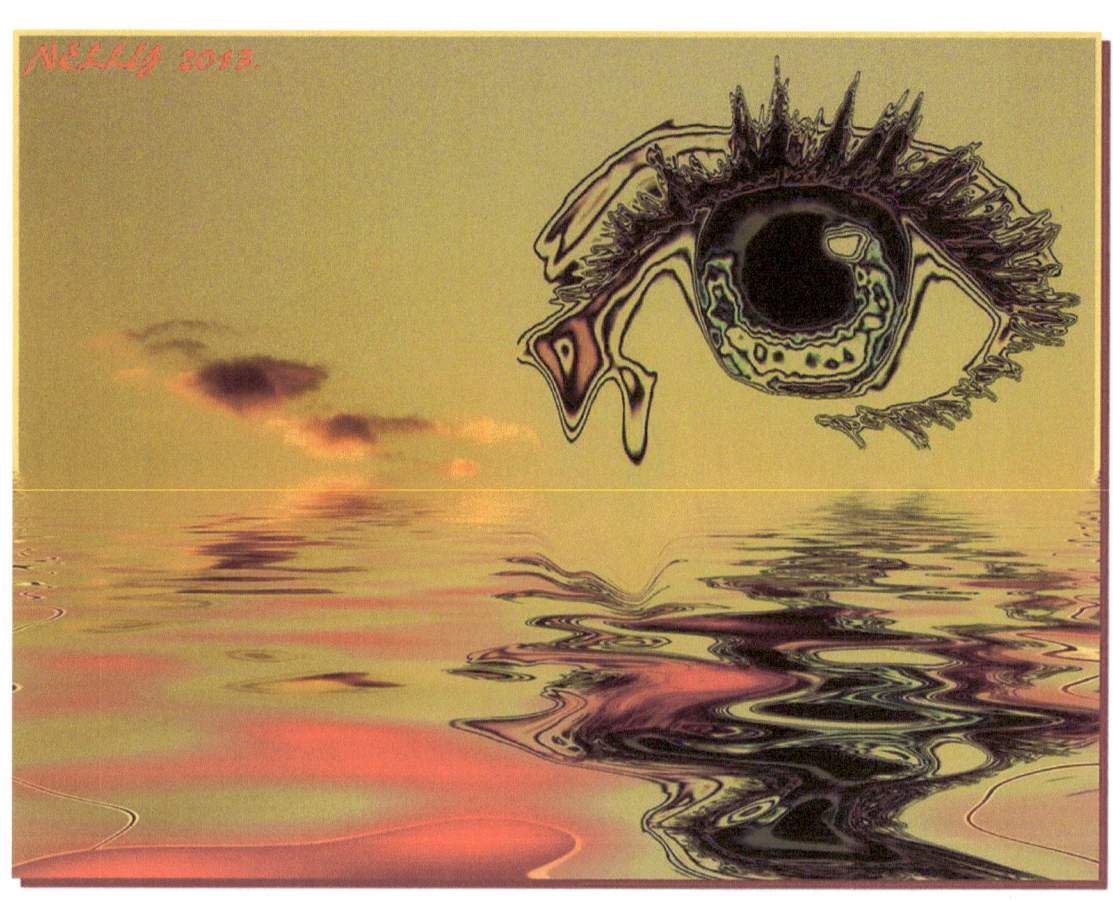

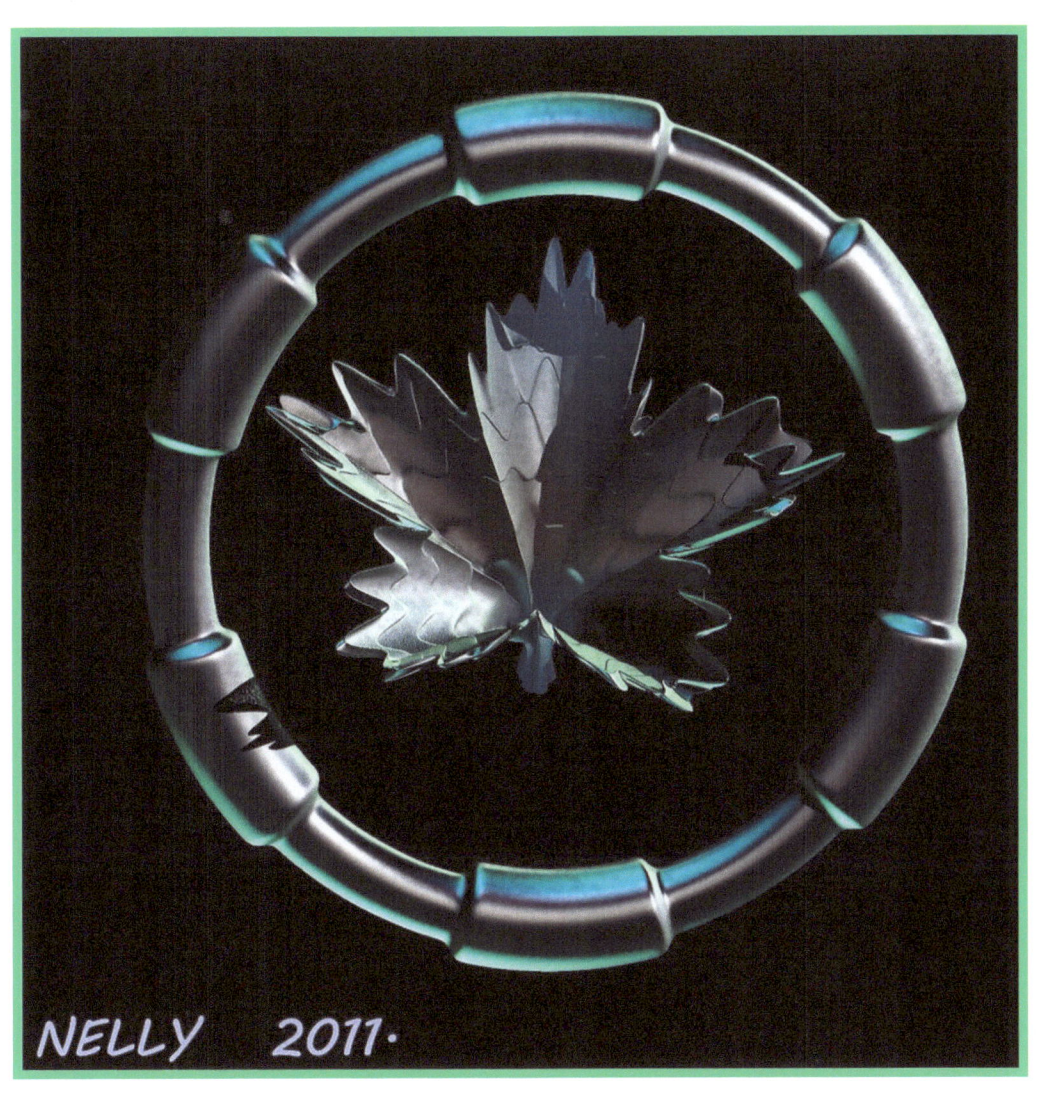

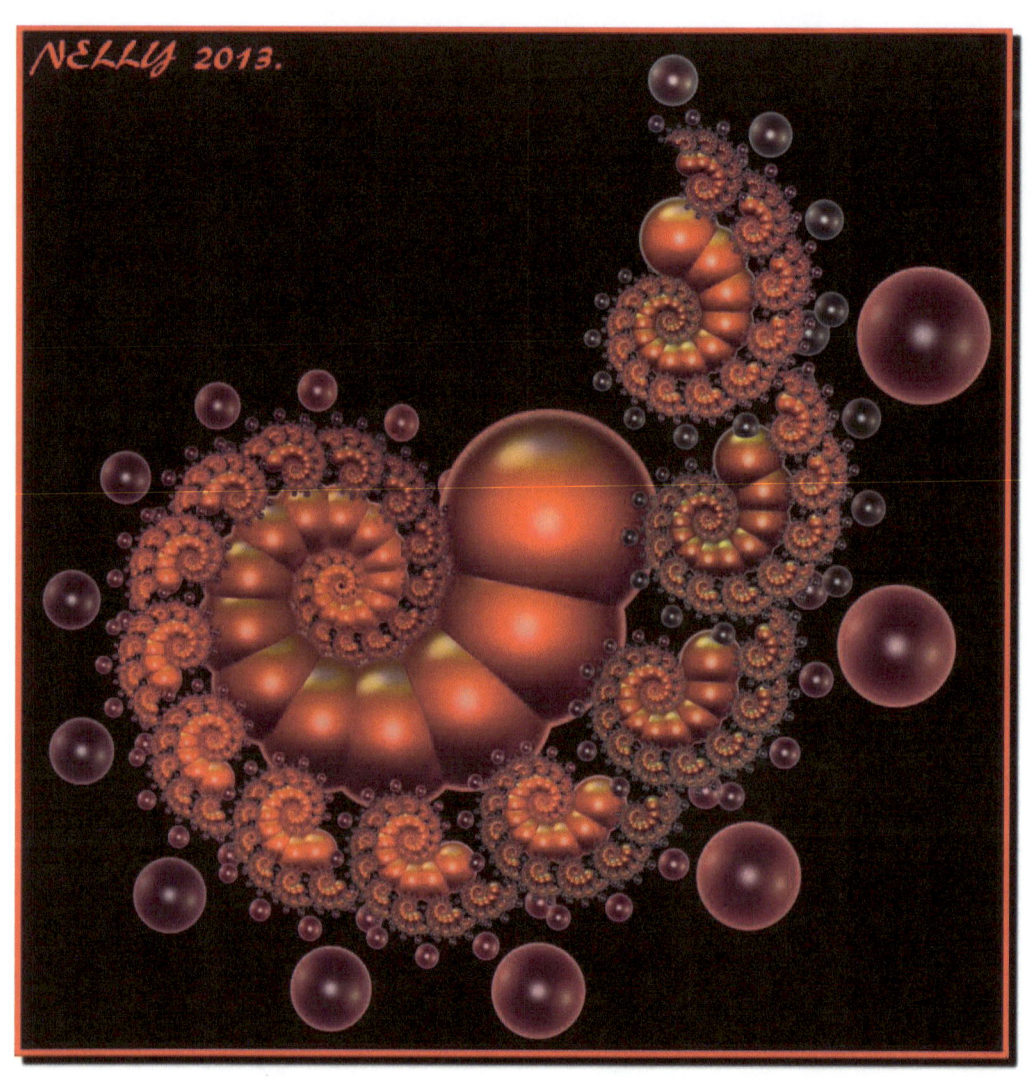

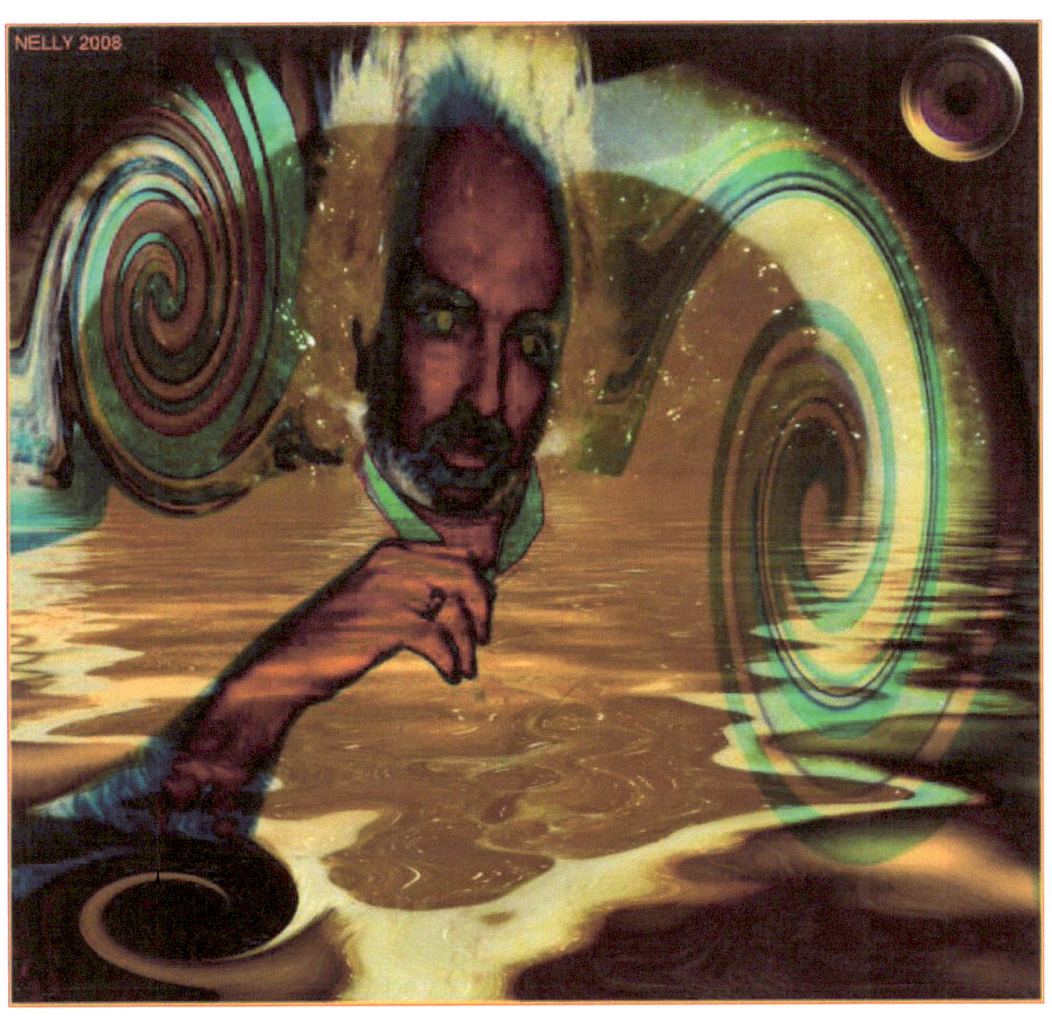

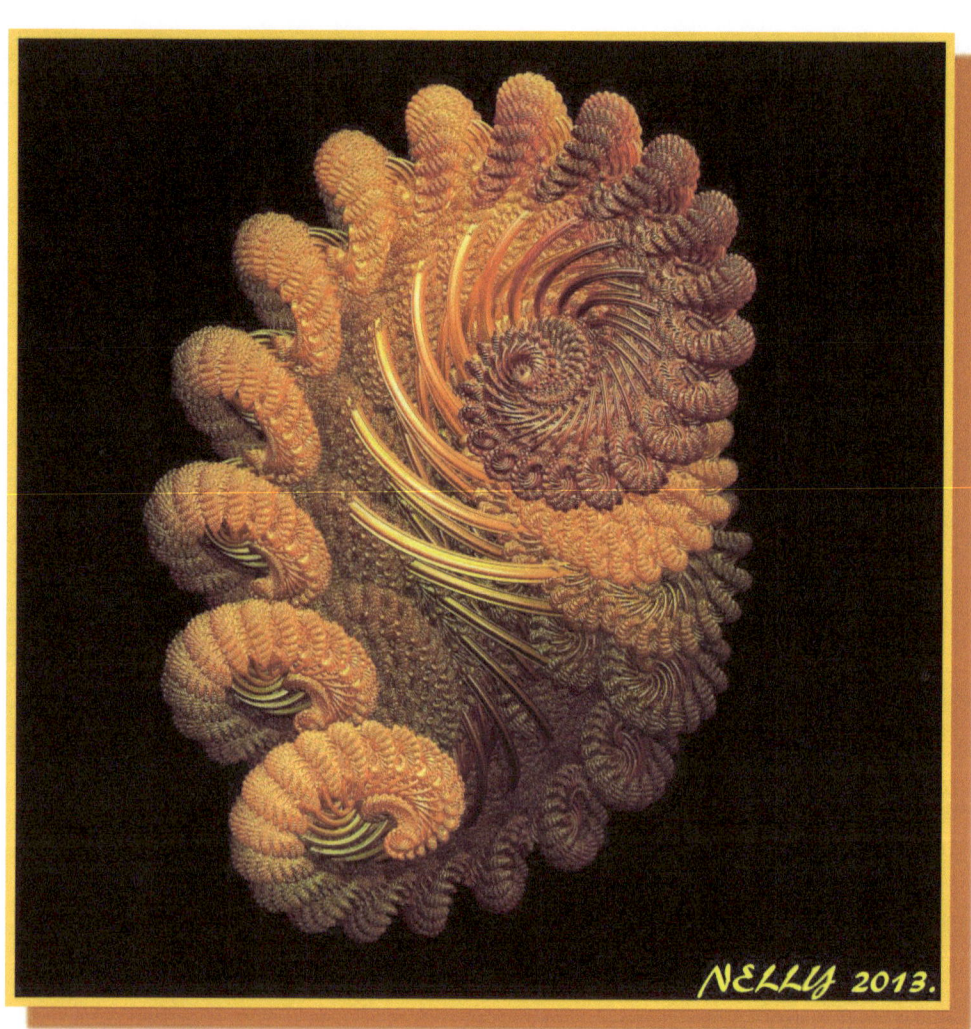

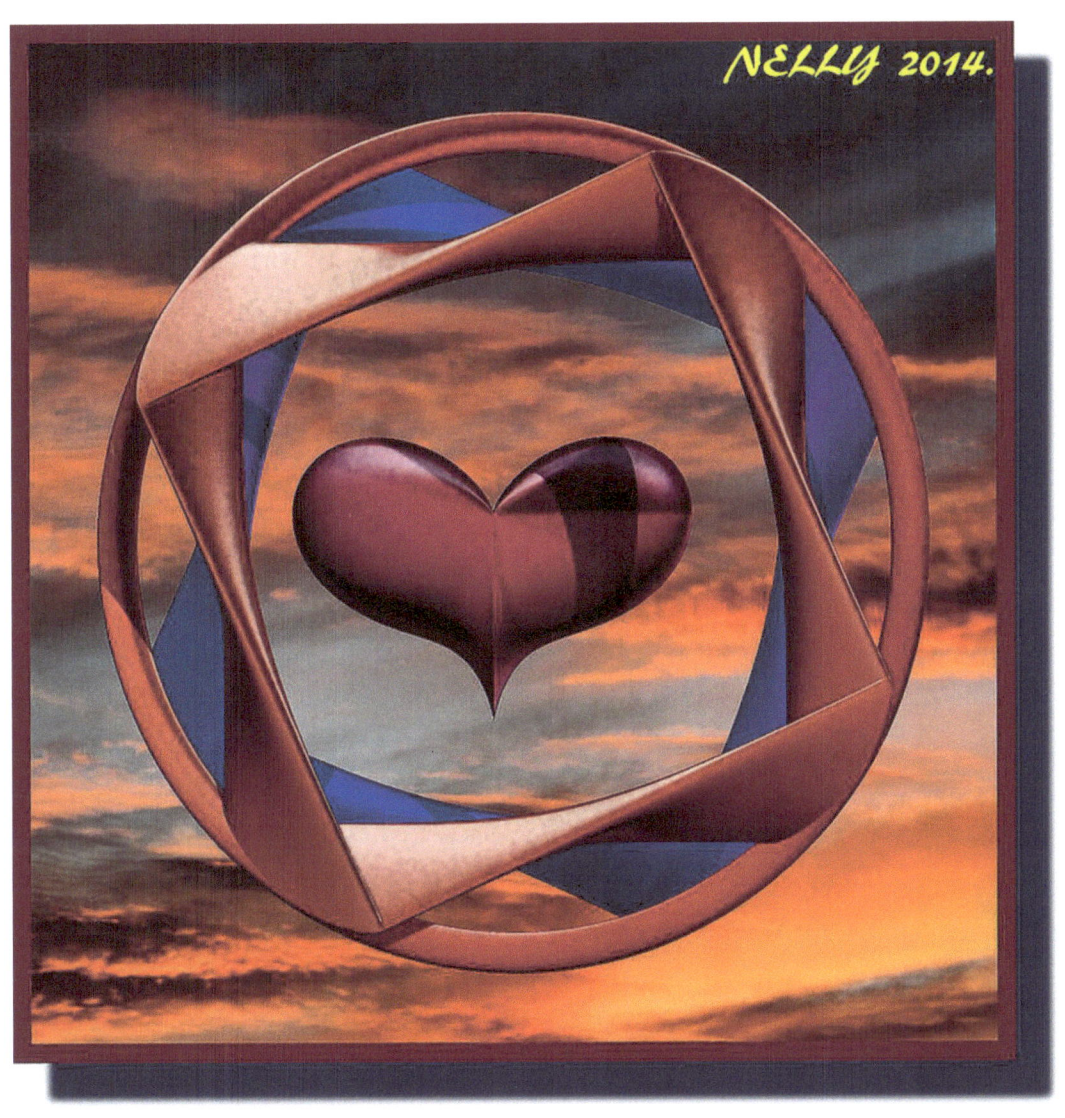

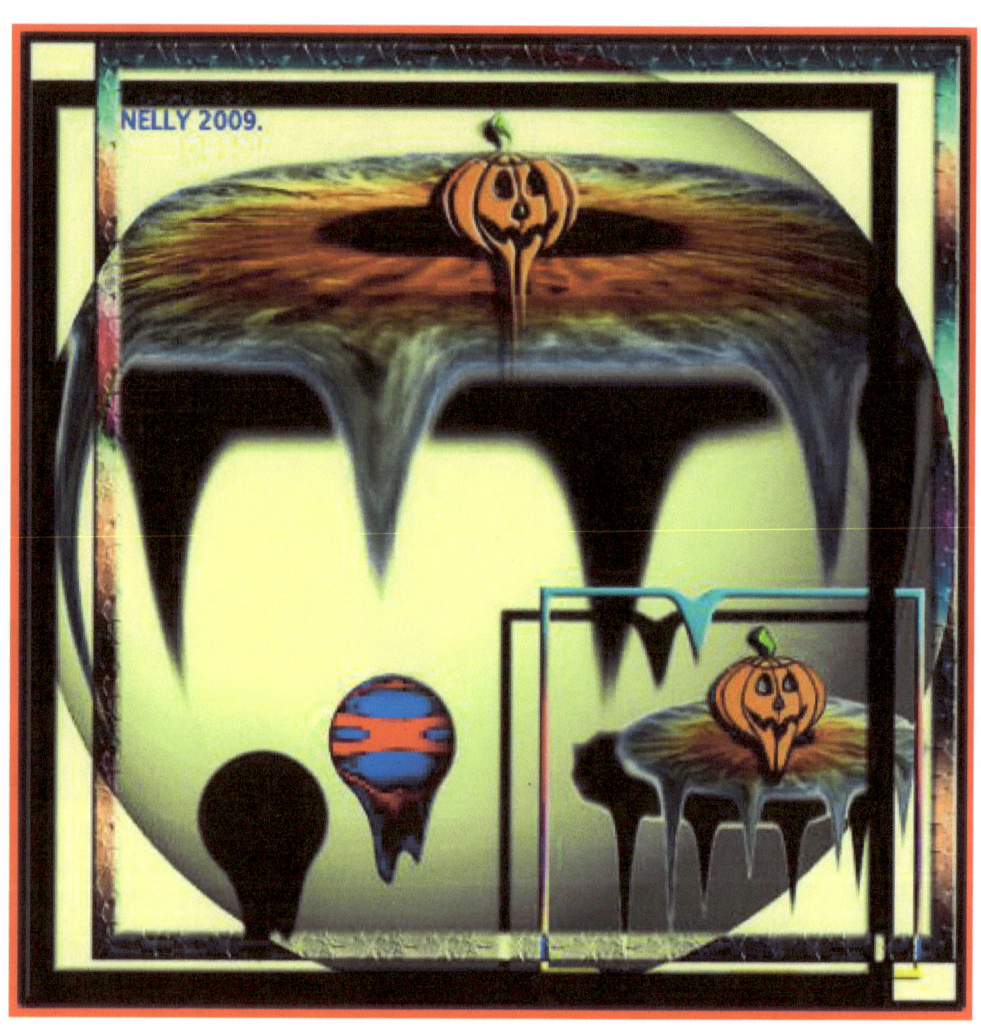

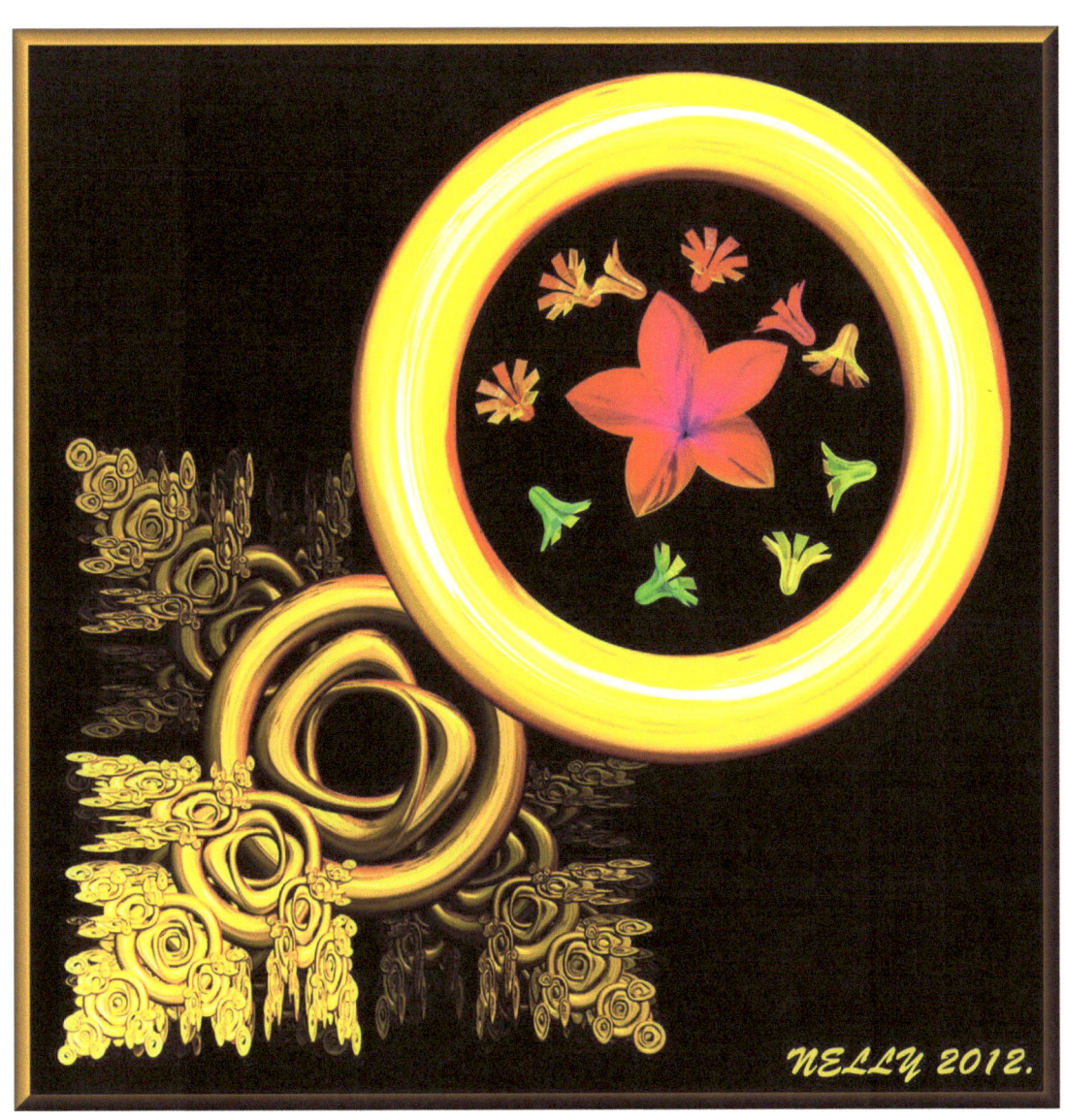

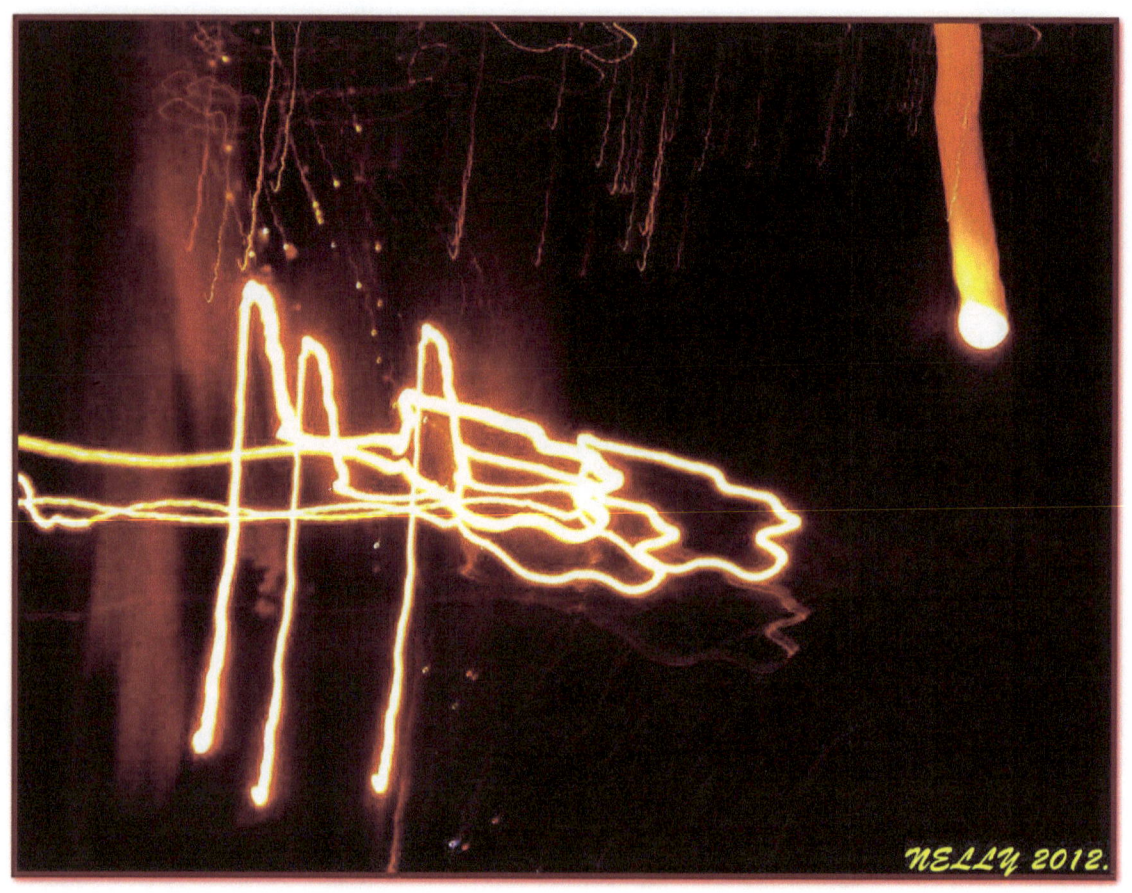

The symbols are in life, like the gods of ancient times ... forever!

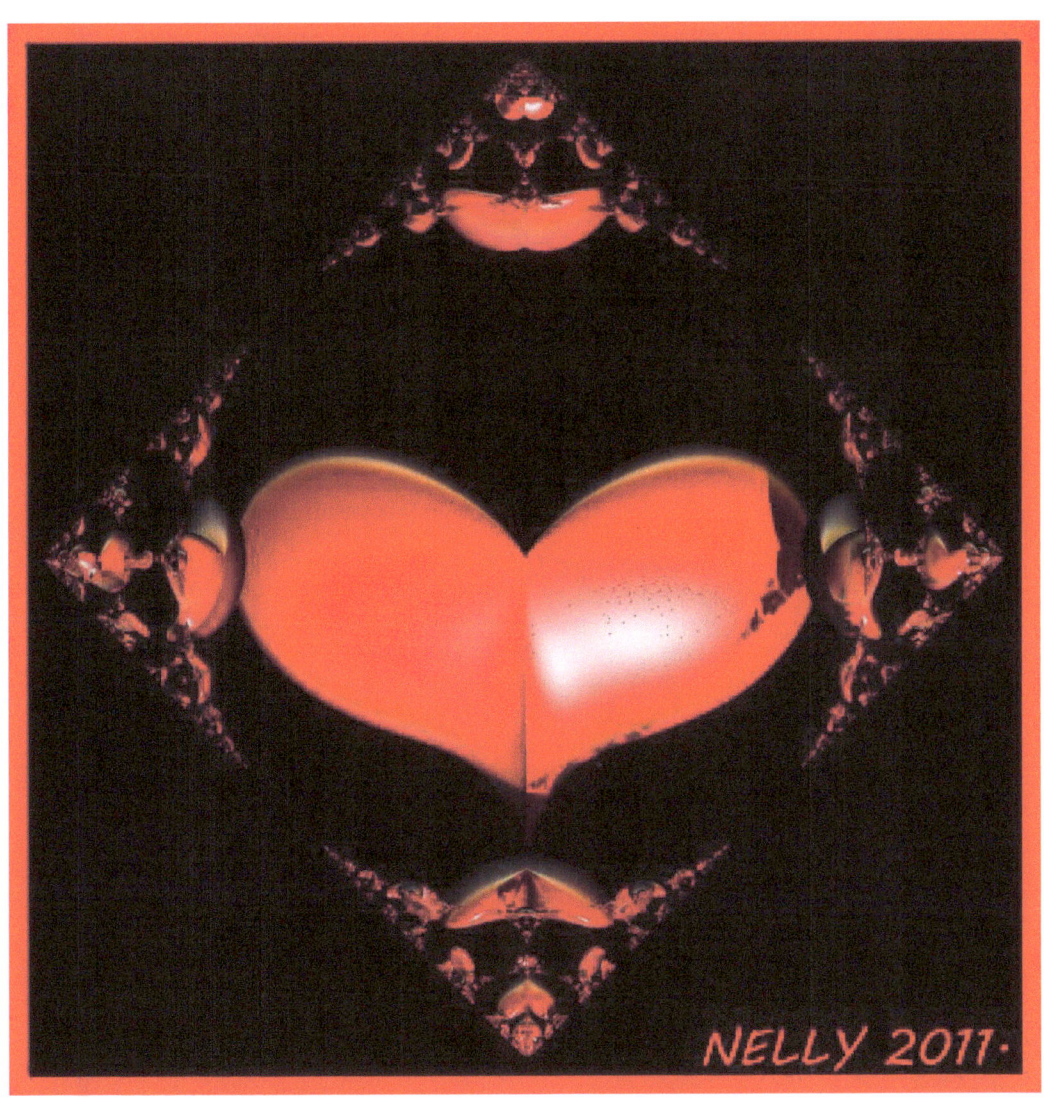

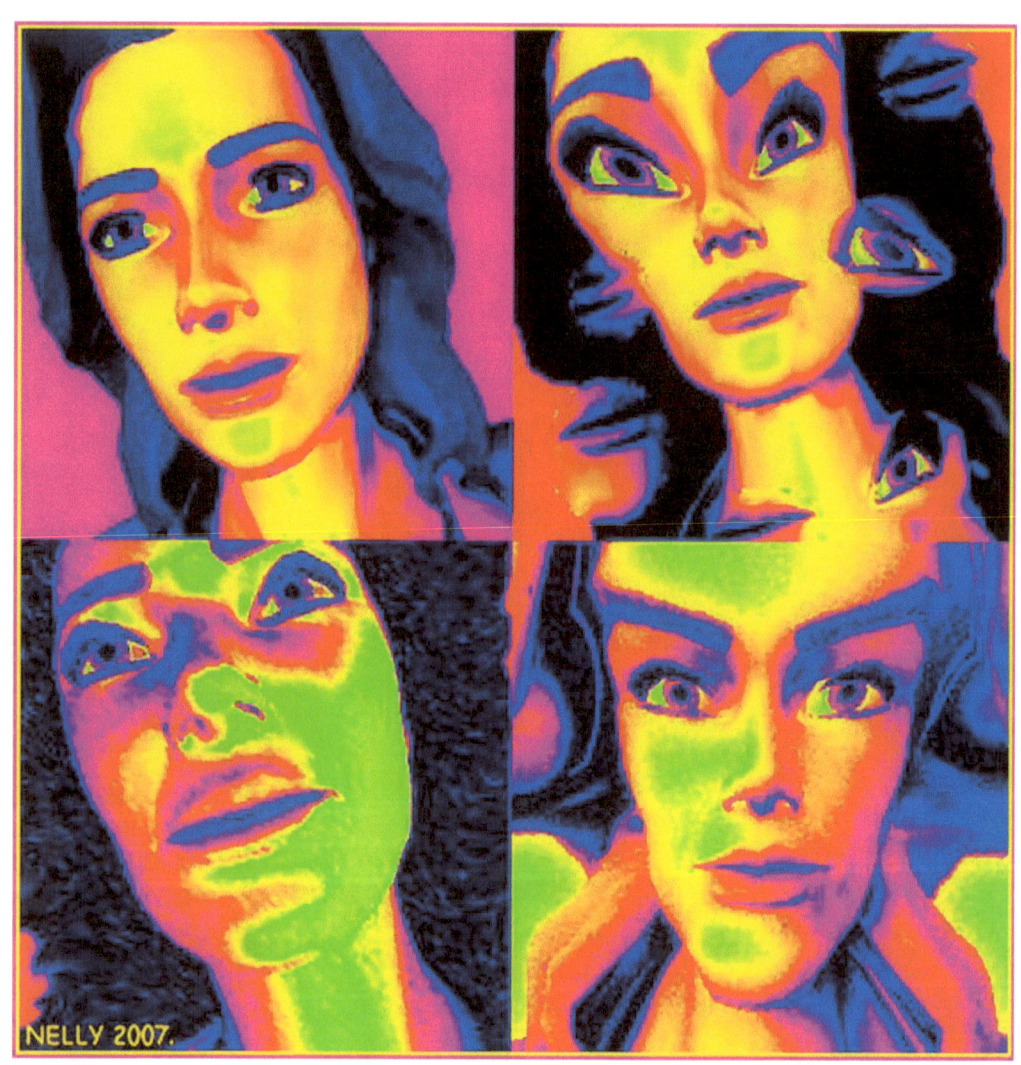

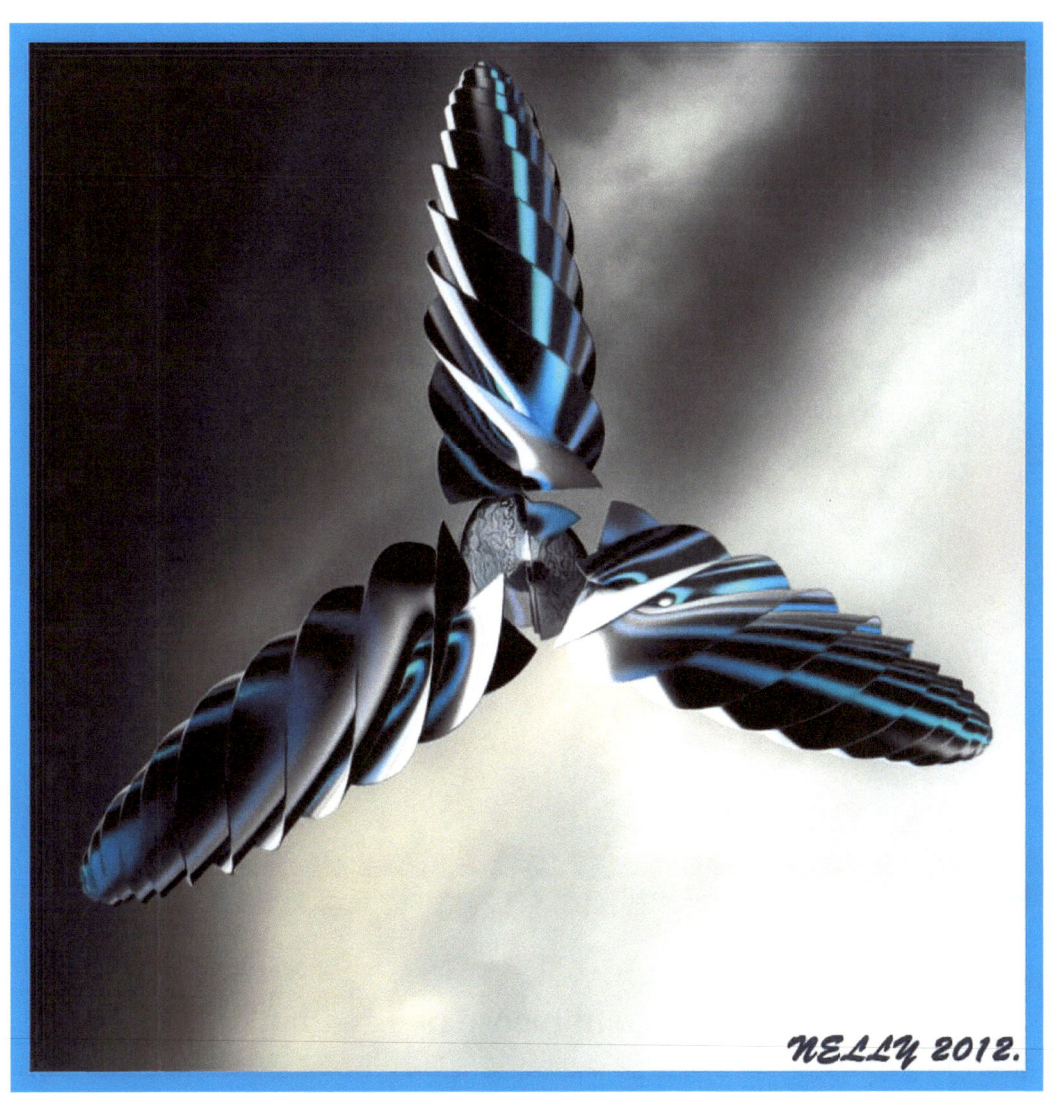

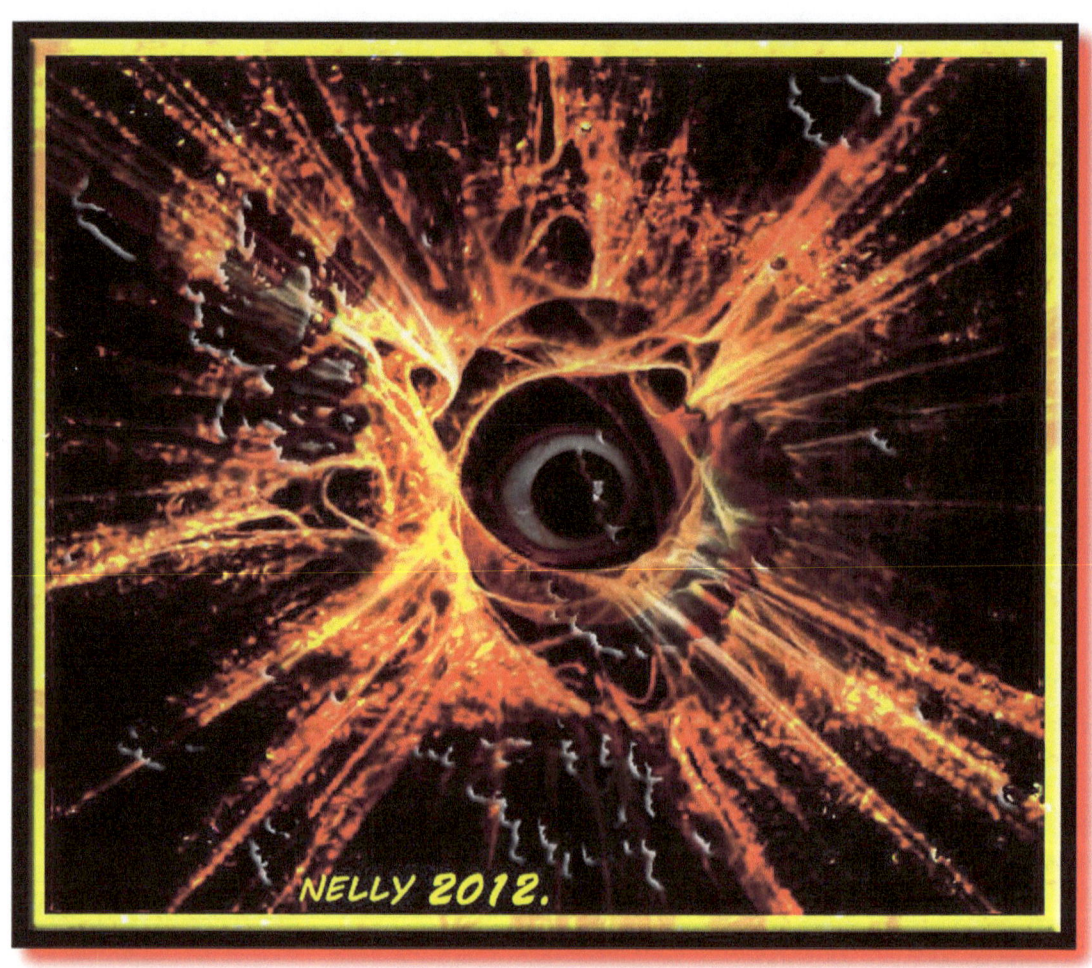

Everything is a secret circle, an immense river without beginning or end.

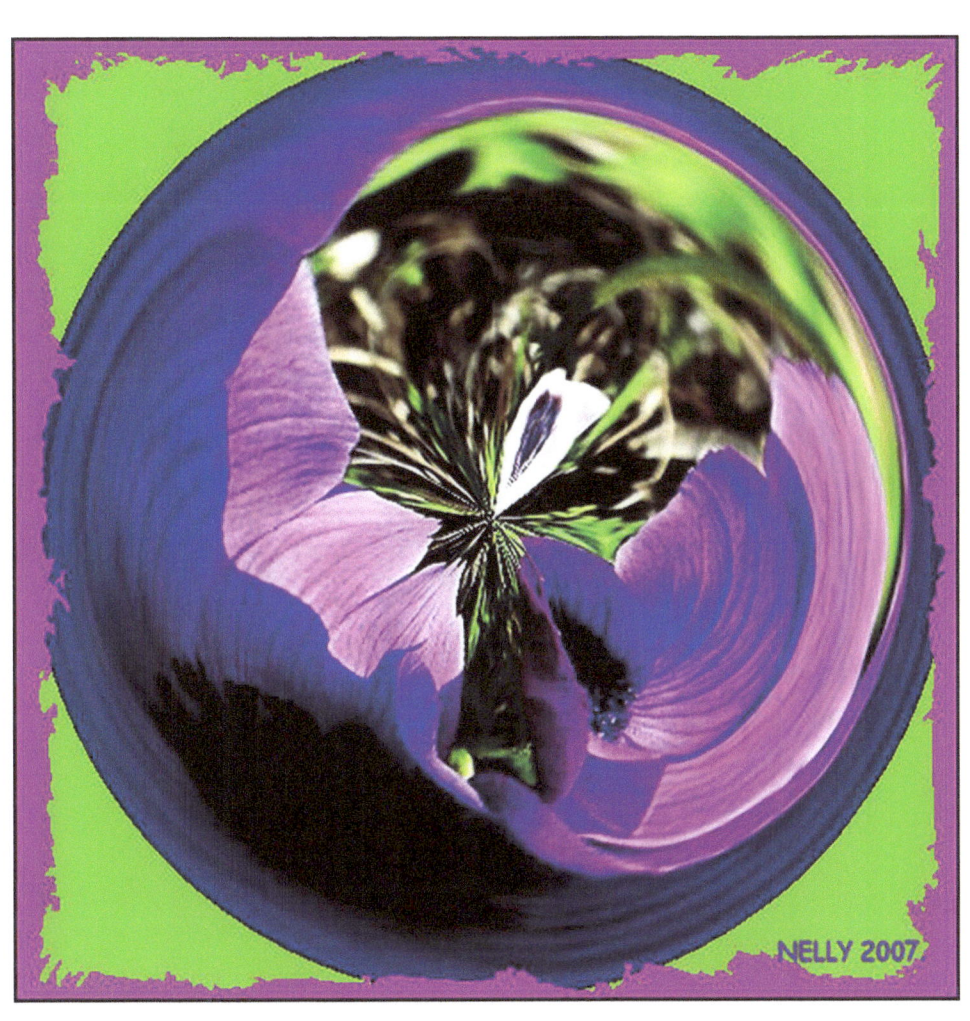

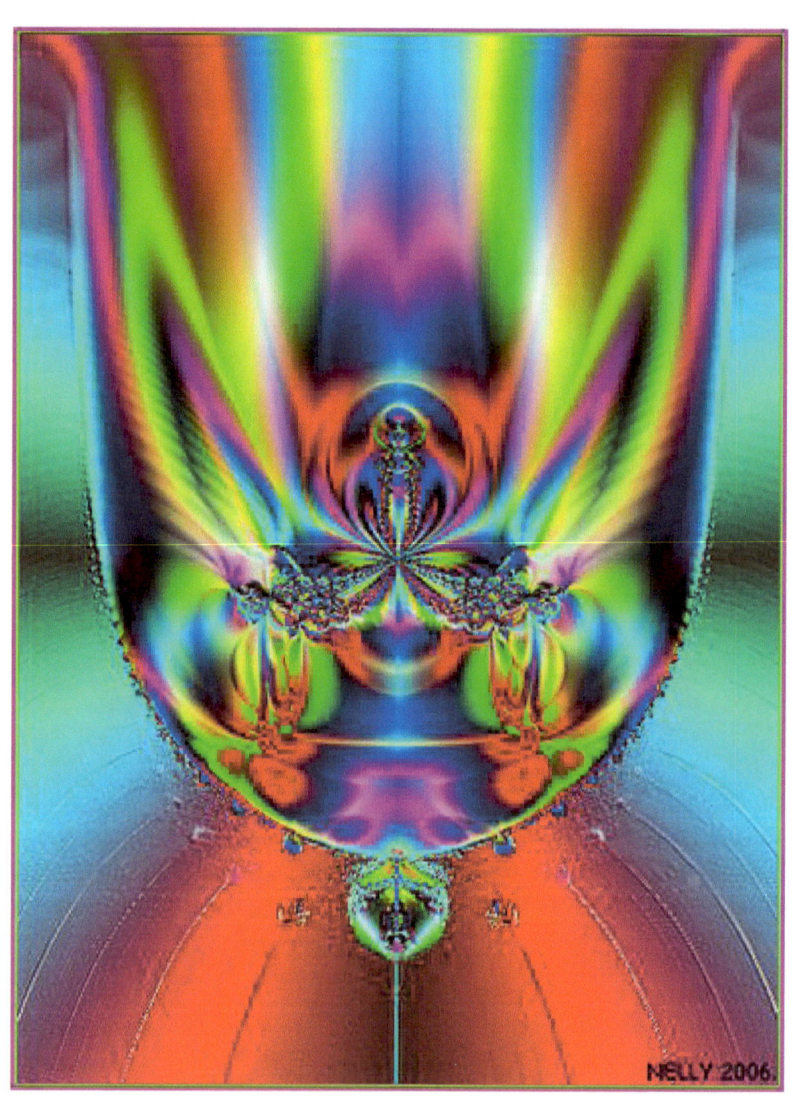

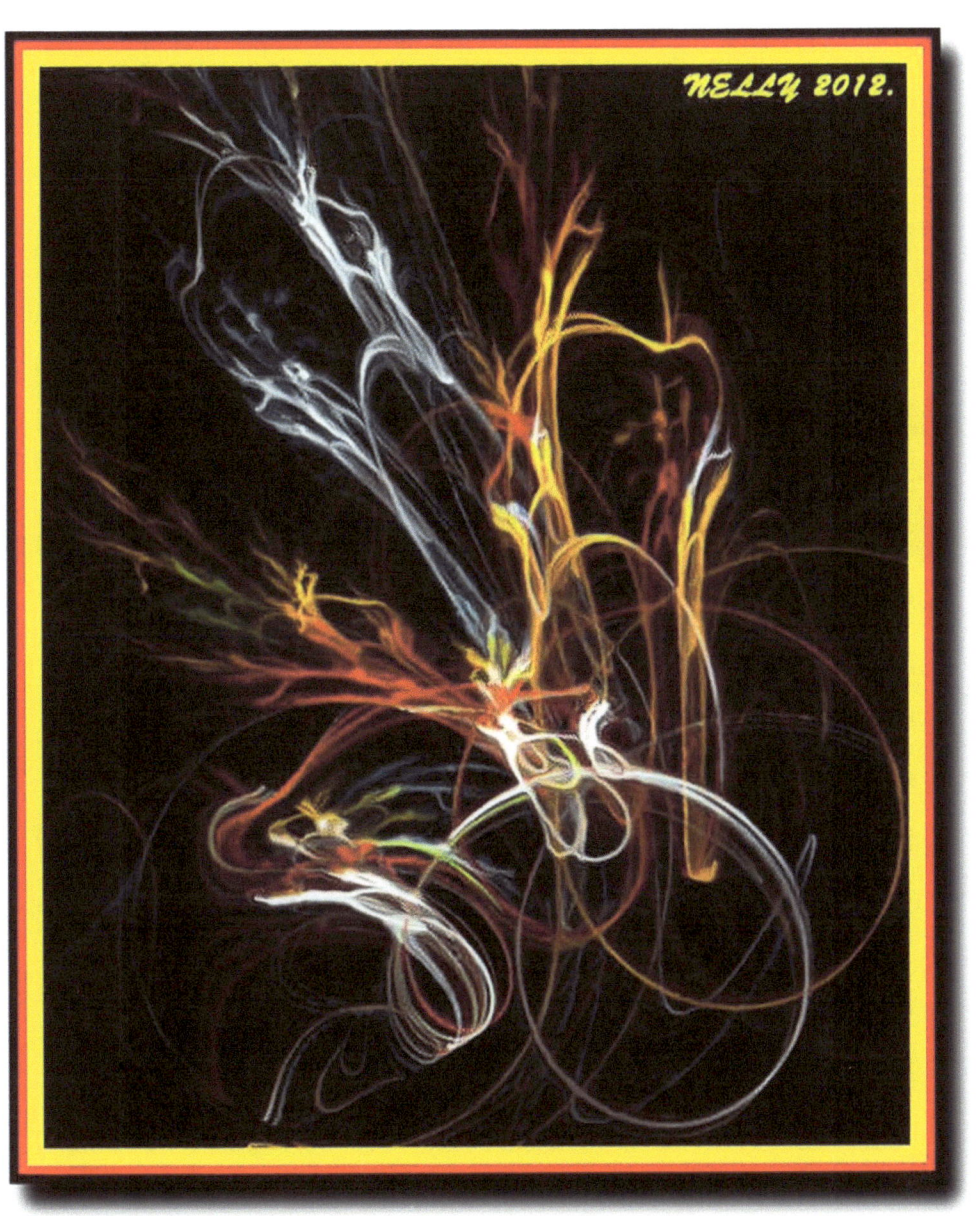

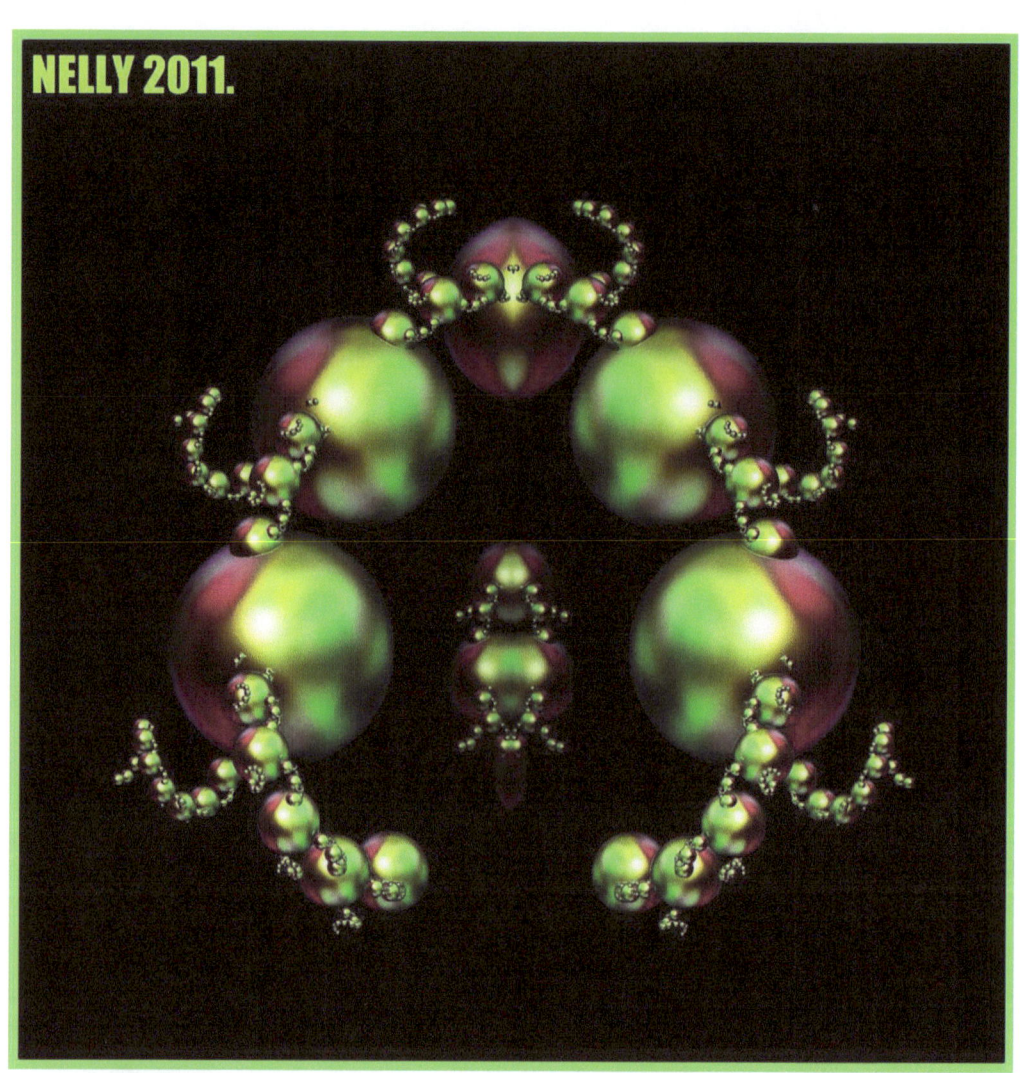

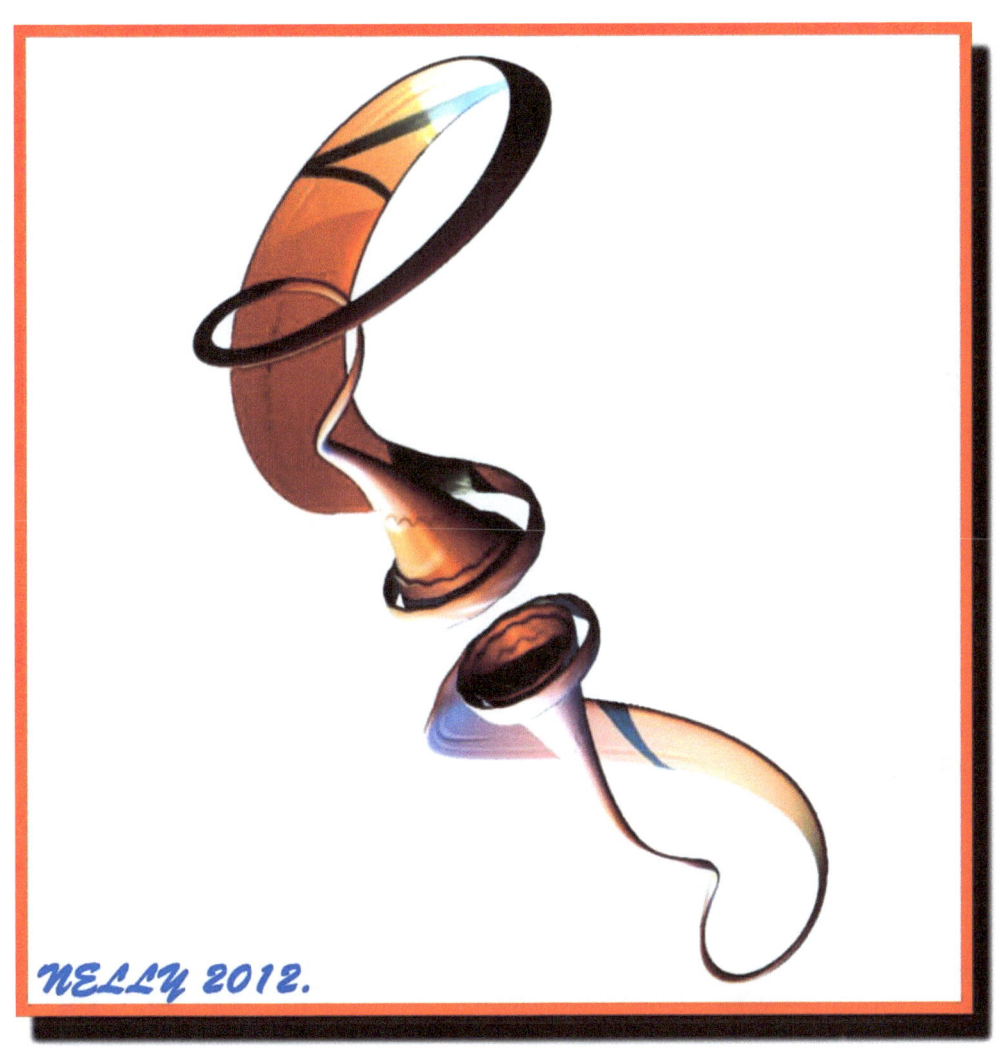

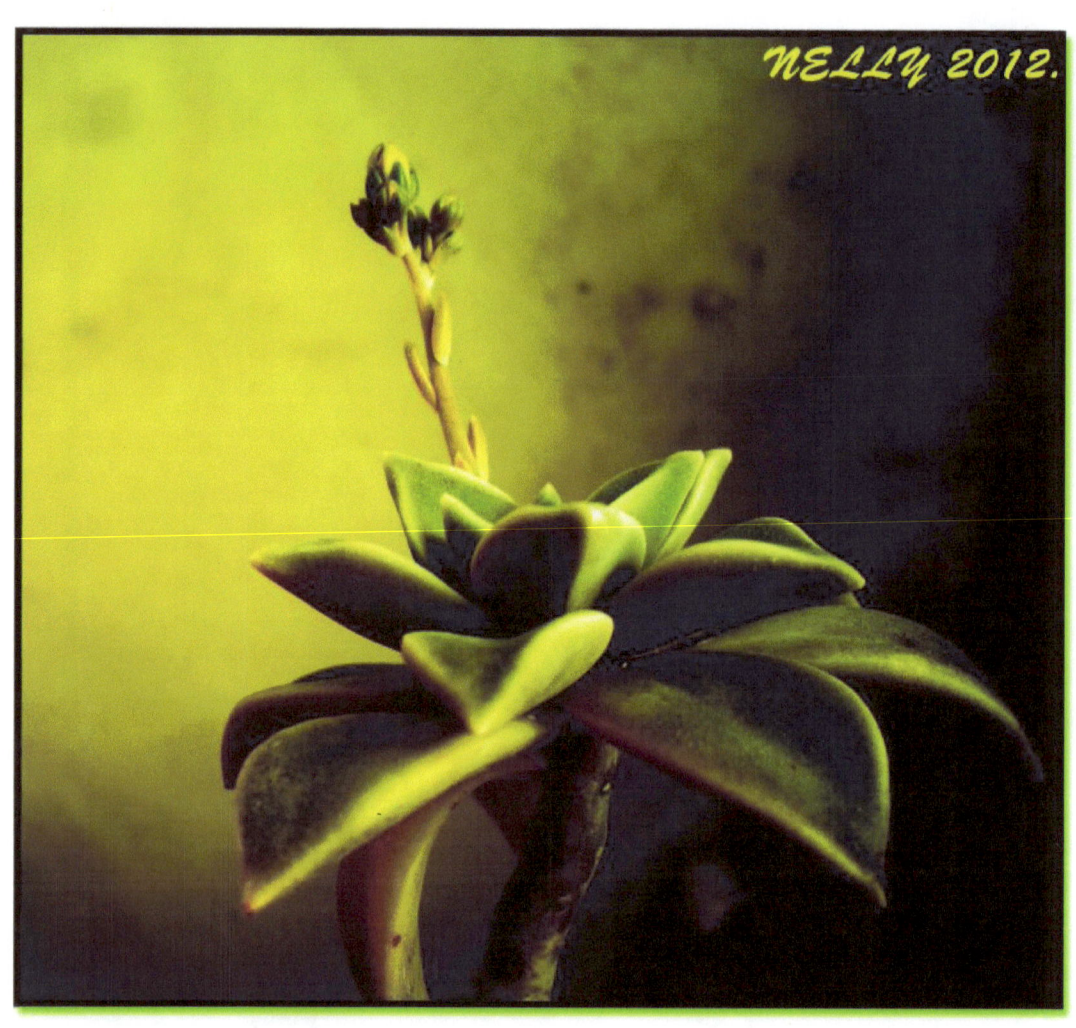

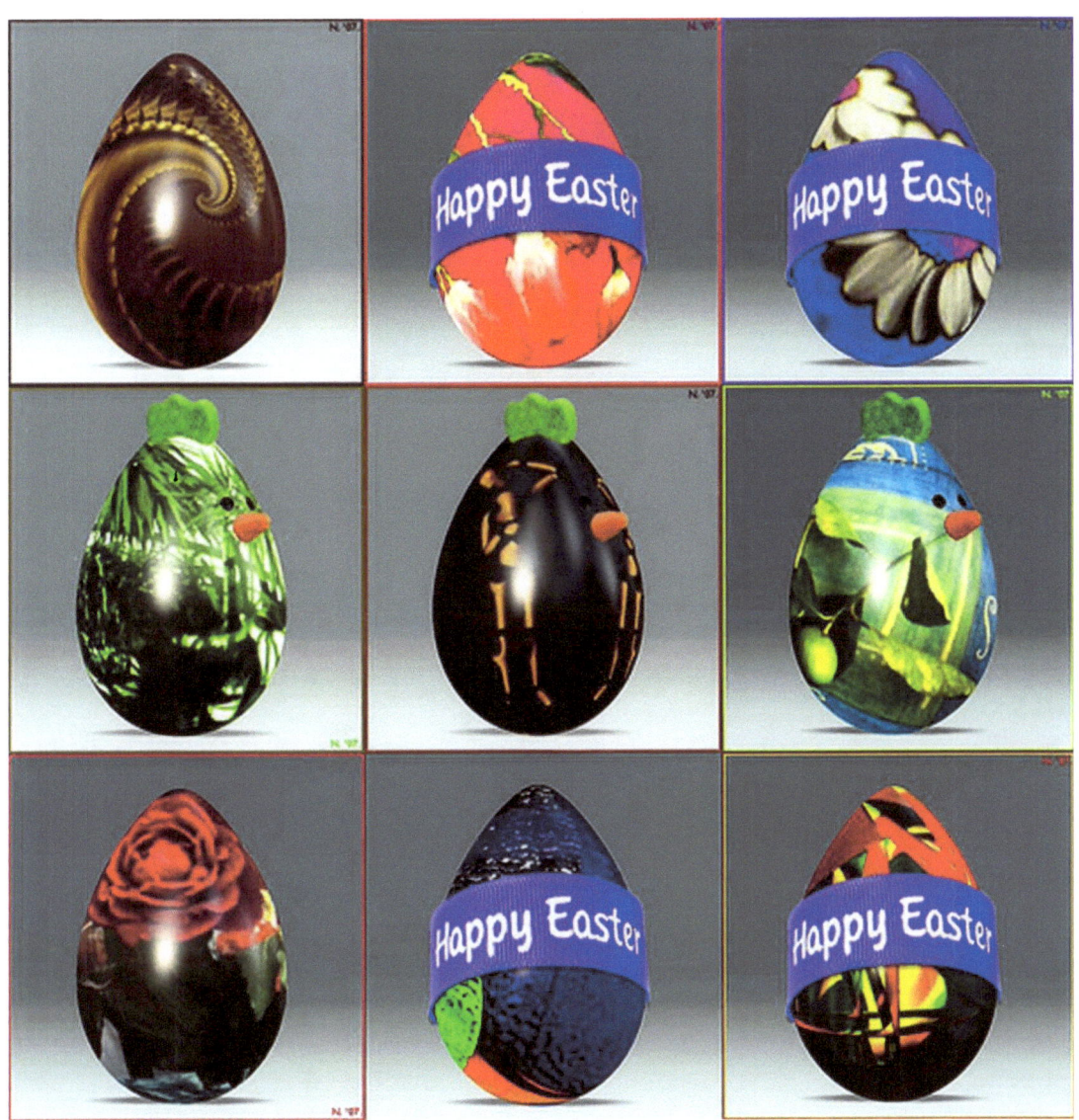

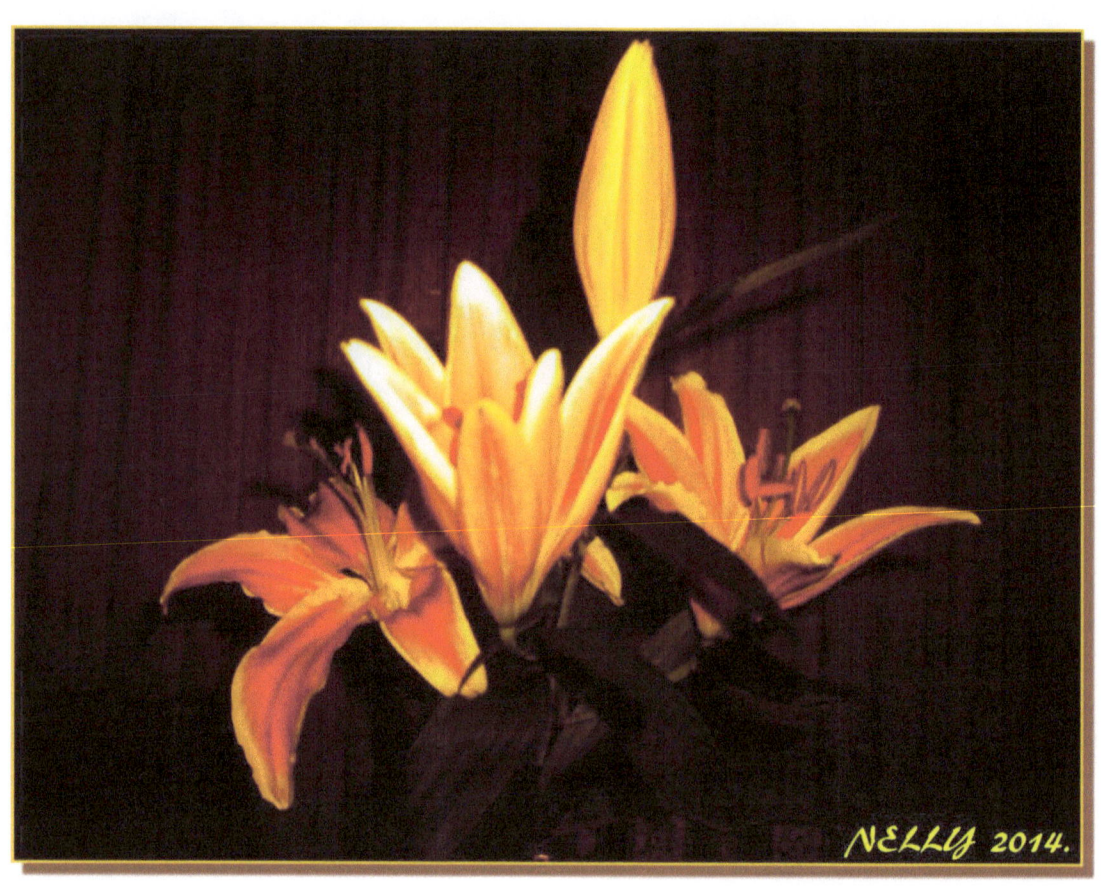

Red and white. Passion and sky. Strange friend, circular...

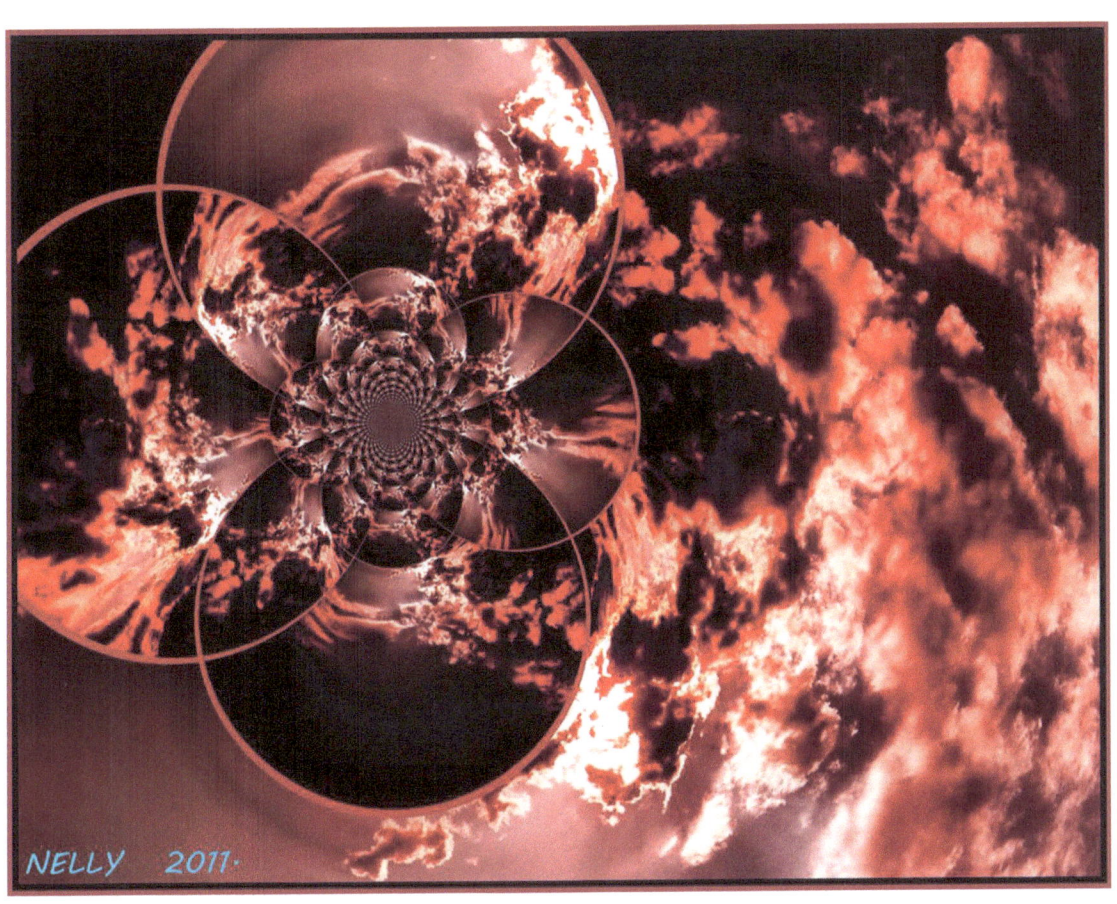

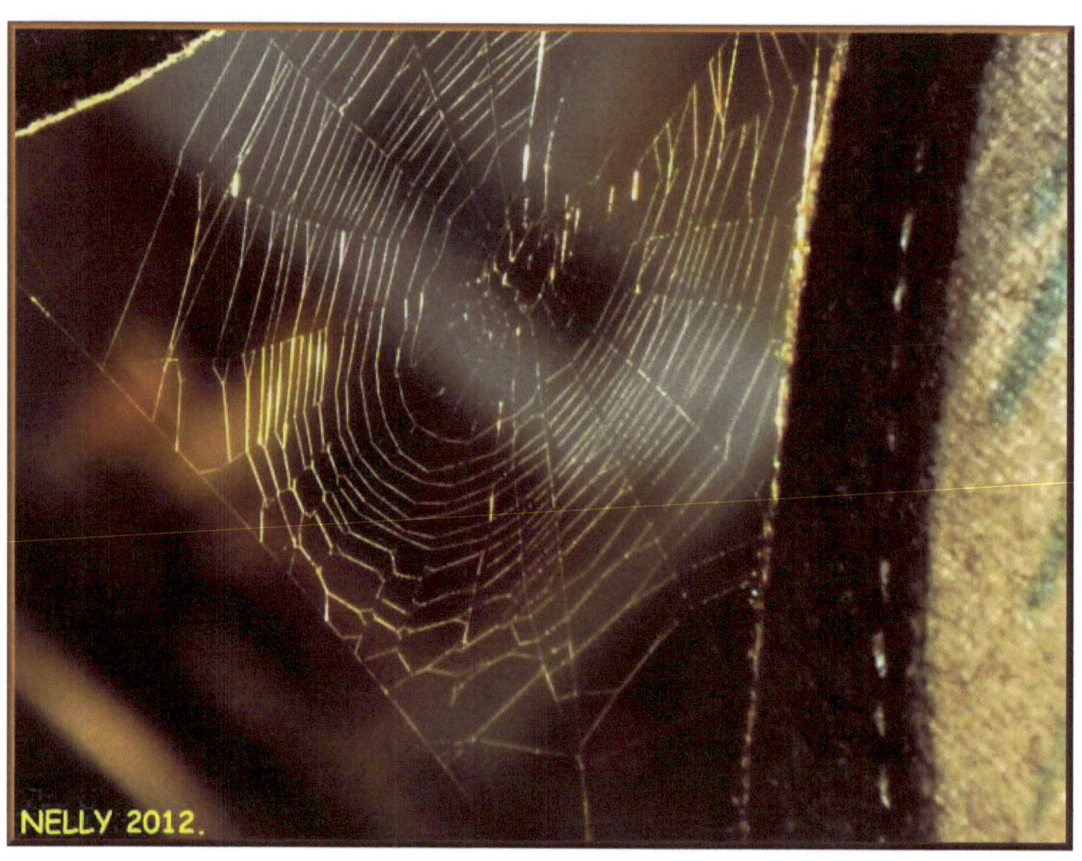

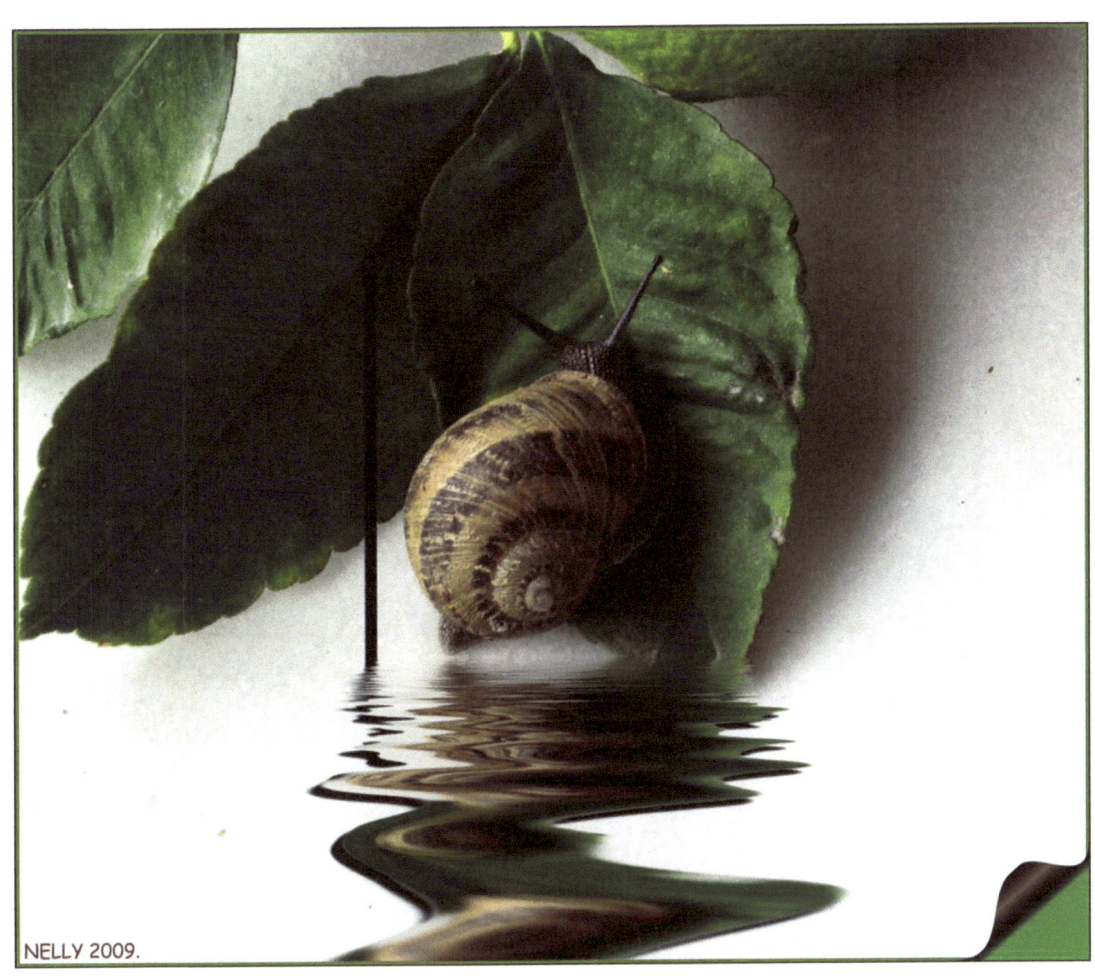

NELLY 2009.

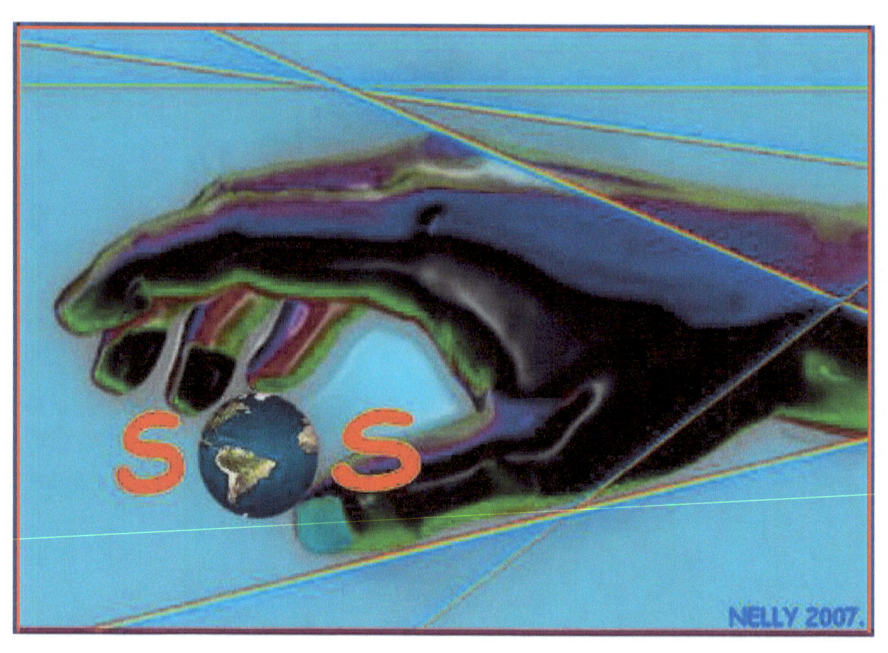

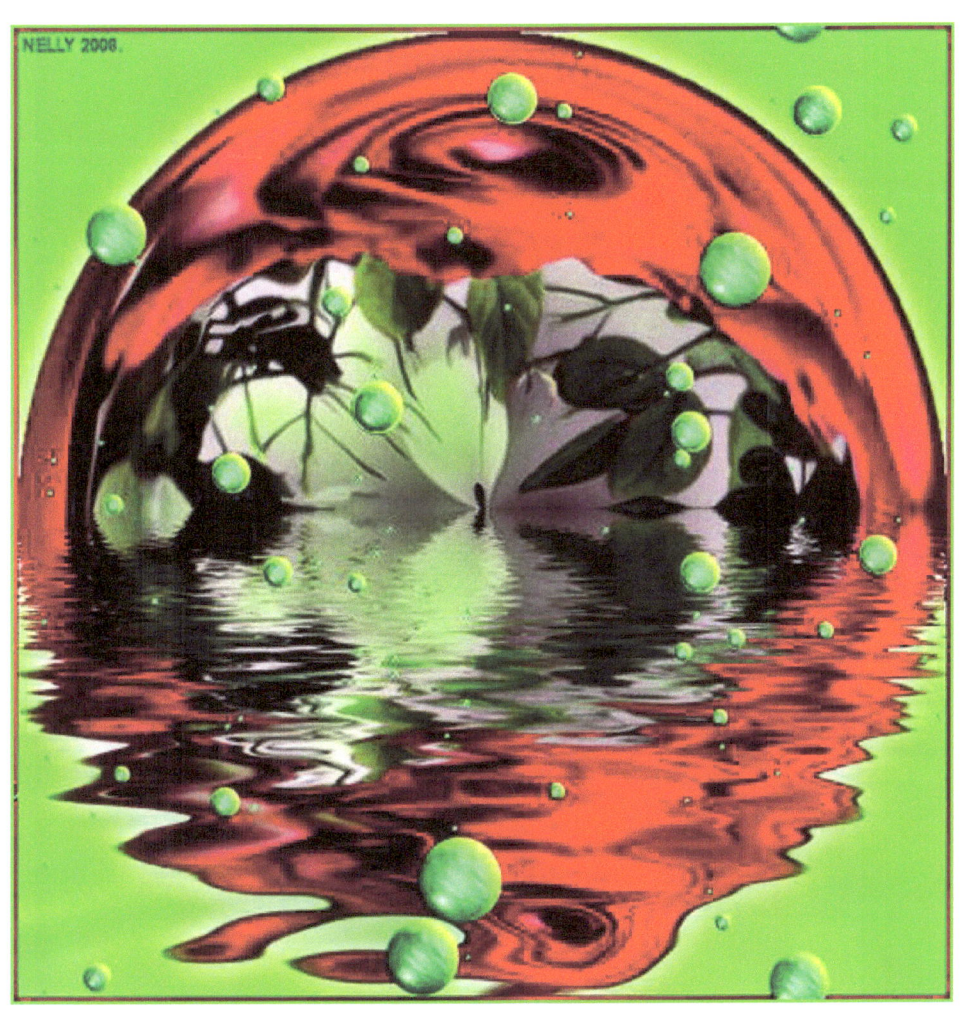

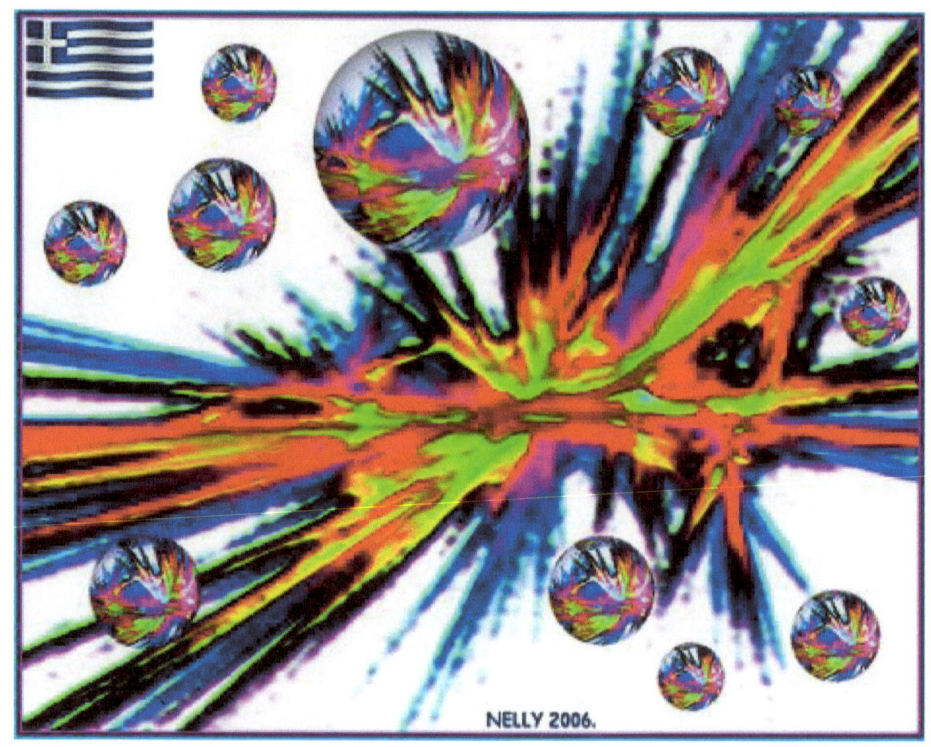

I was born in Greece blessed place ... pained soul, windswept!

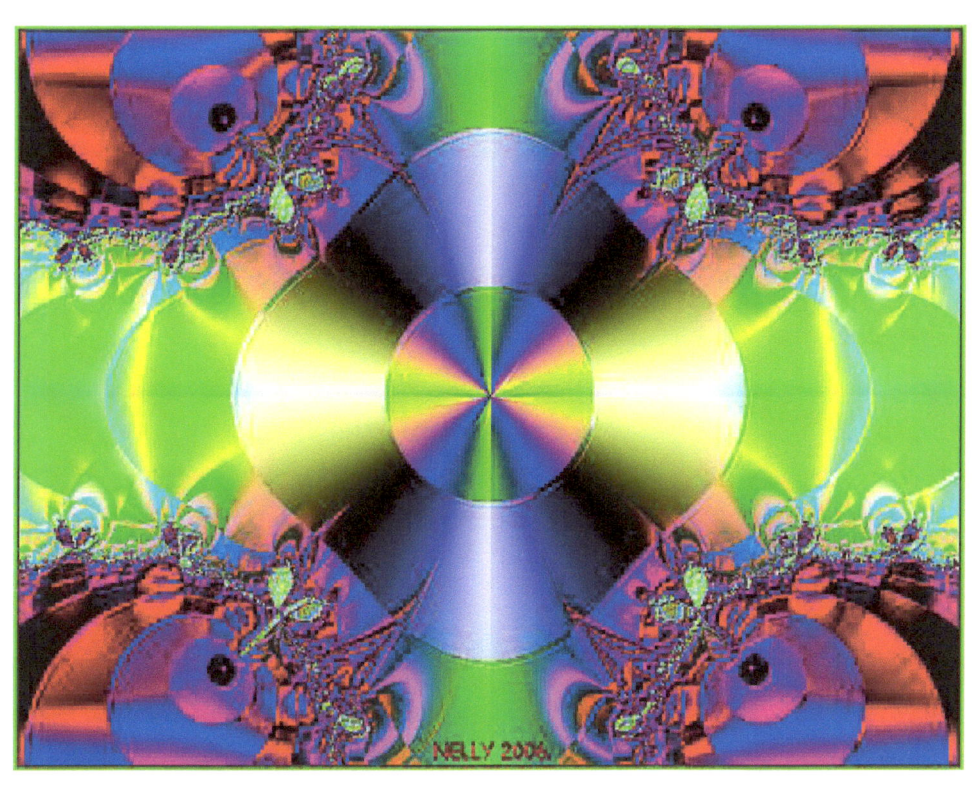

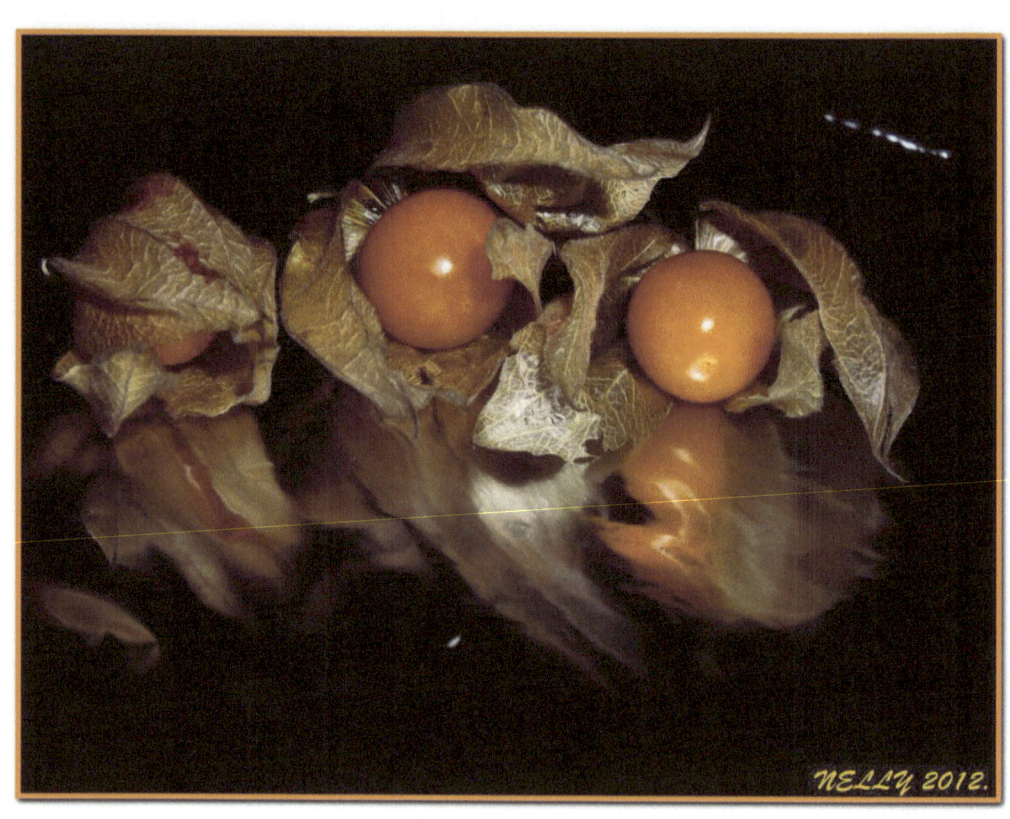

NELLY 2012.

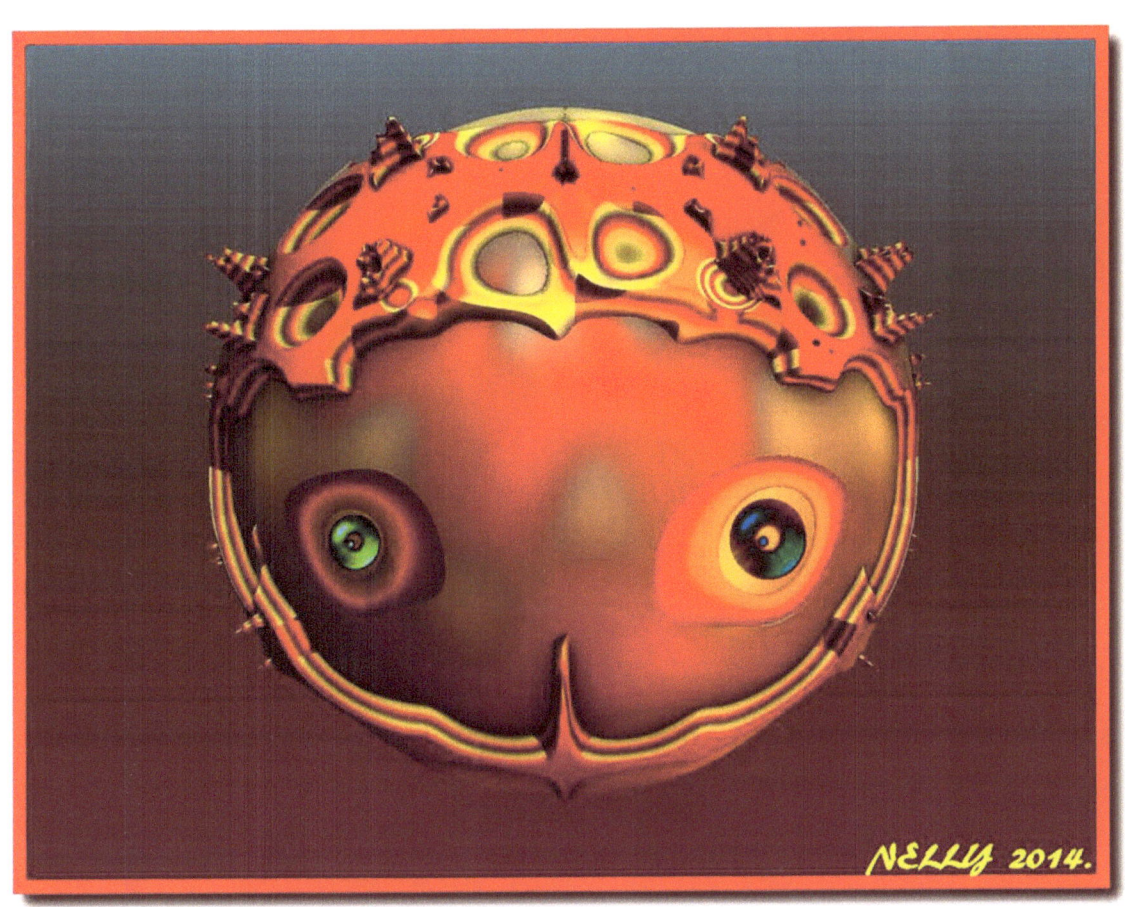

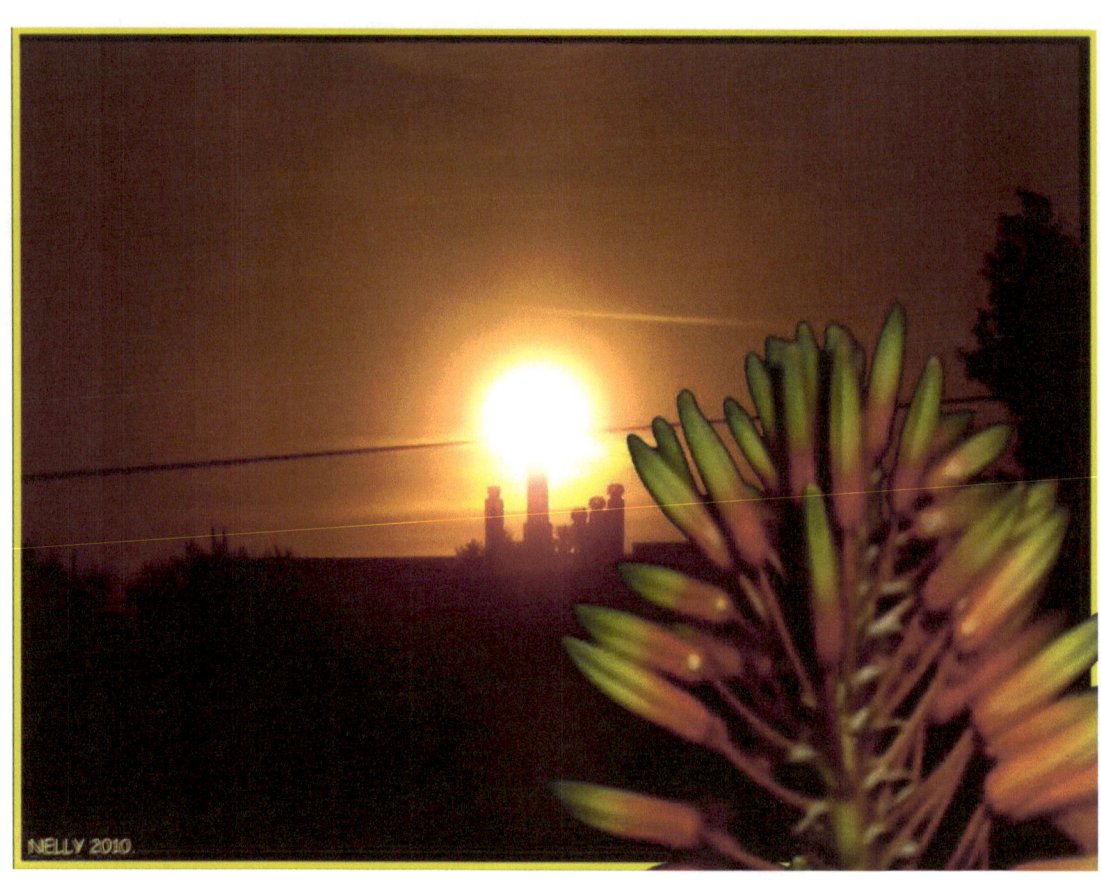

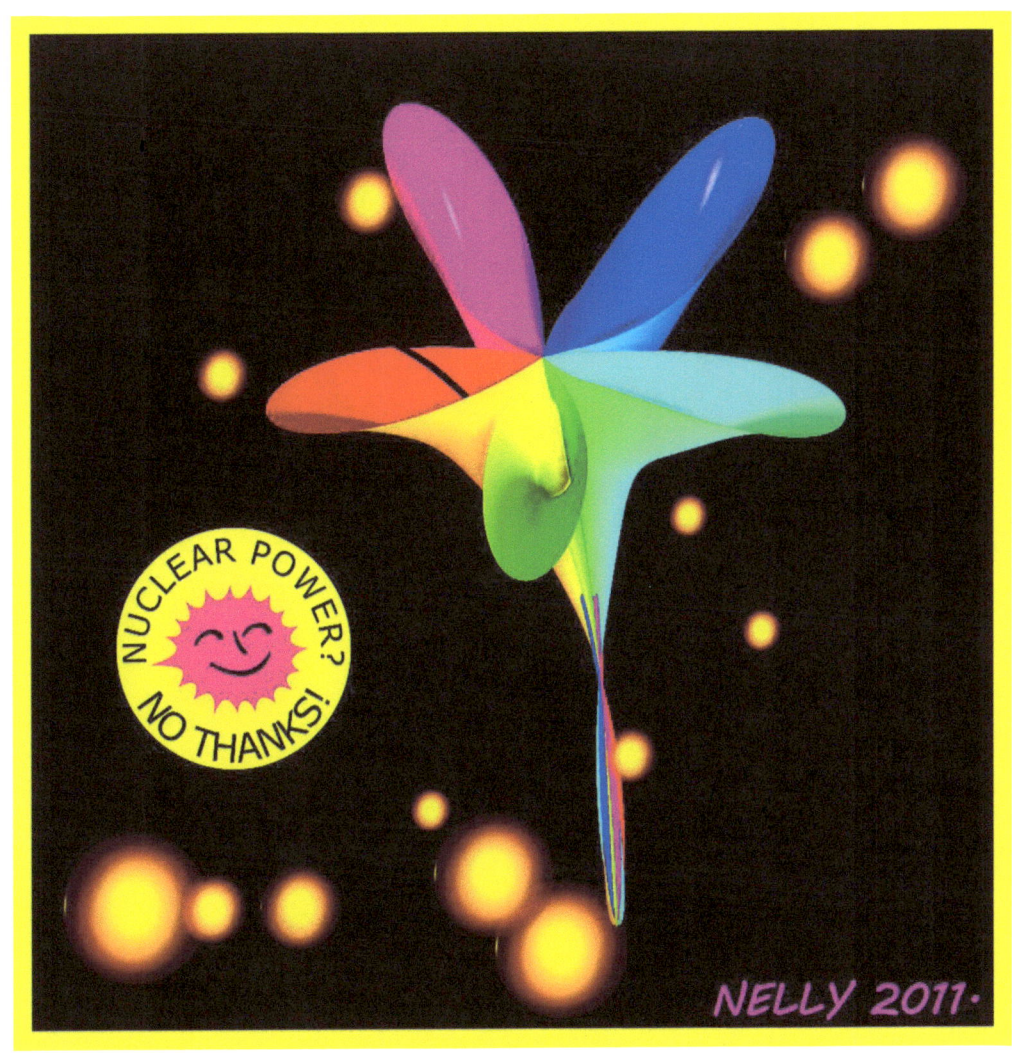

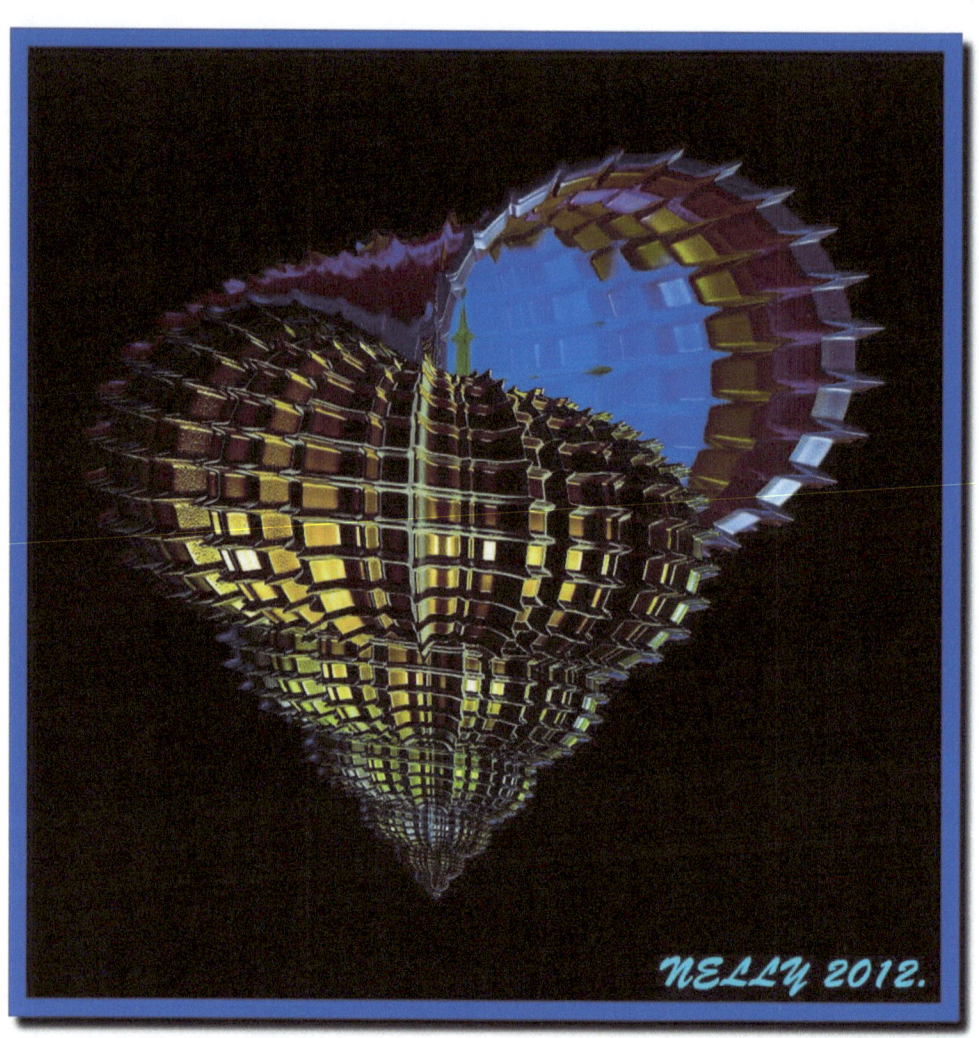

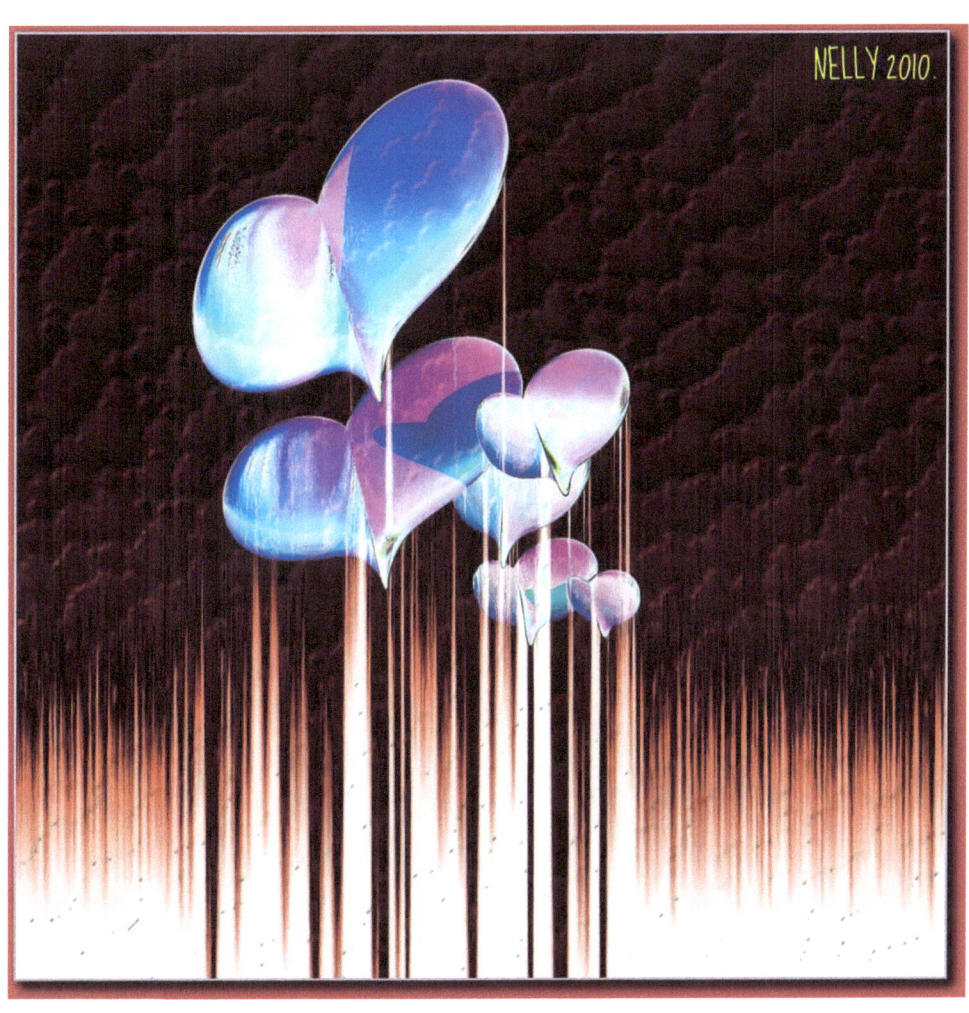

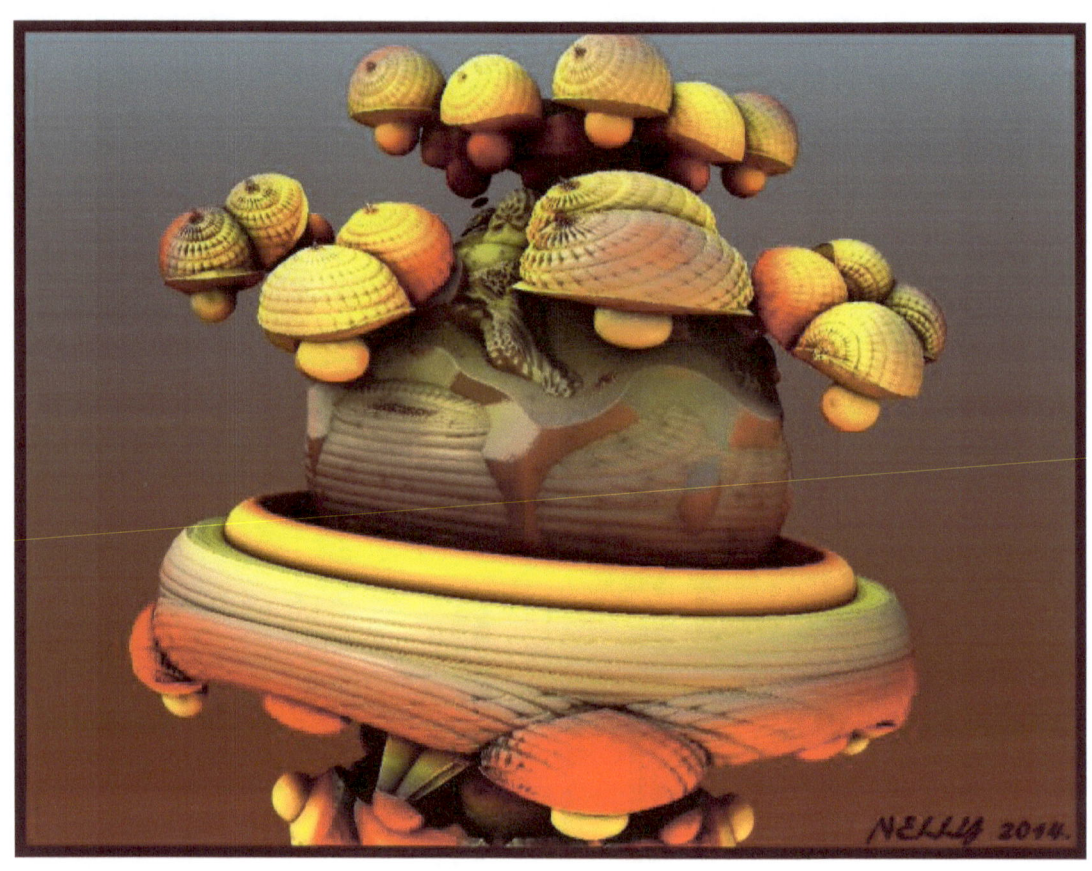

Once I was a kid, I played with marbles
after I saw death and love are one.

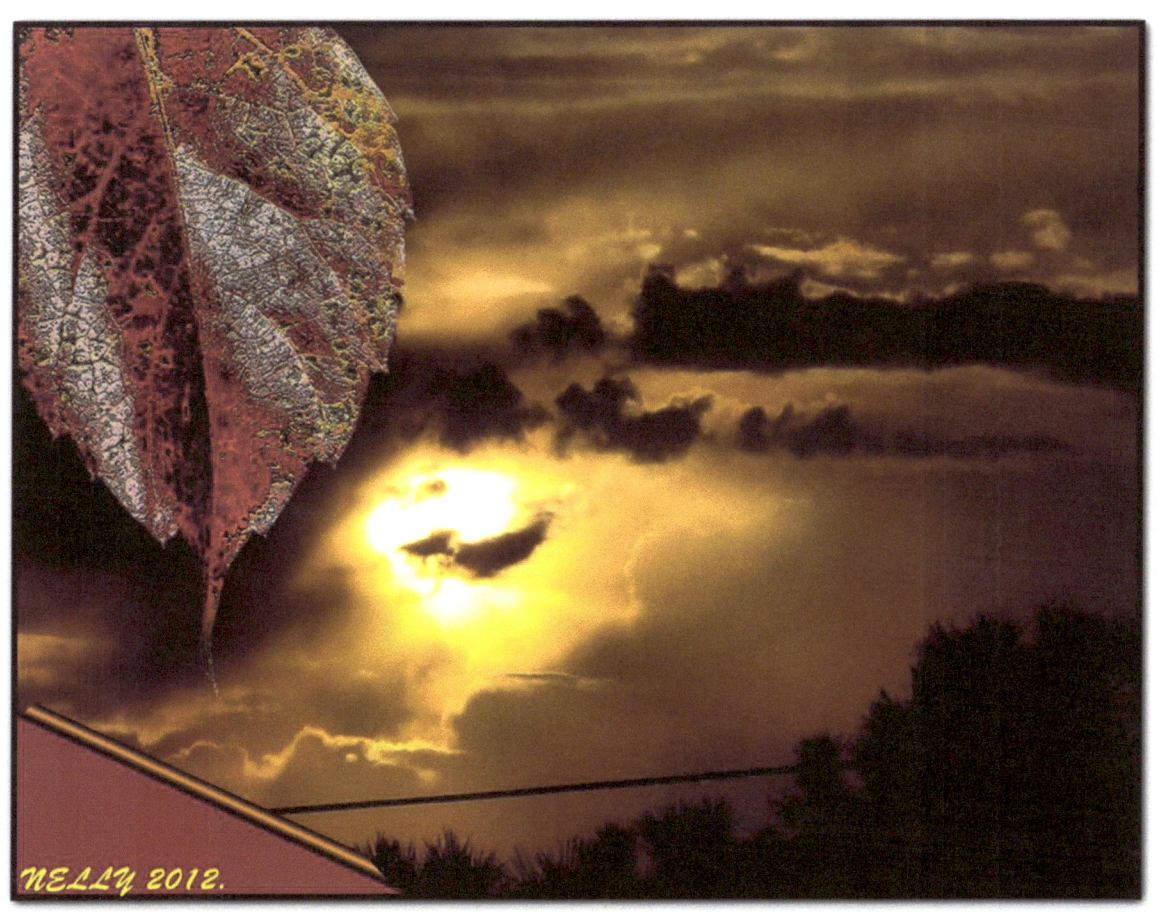

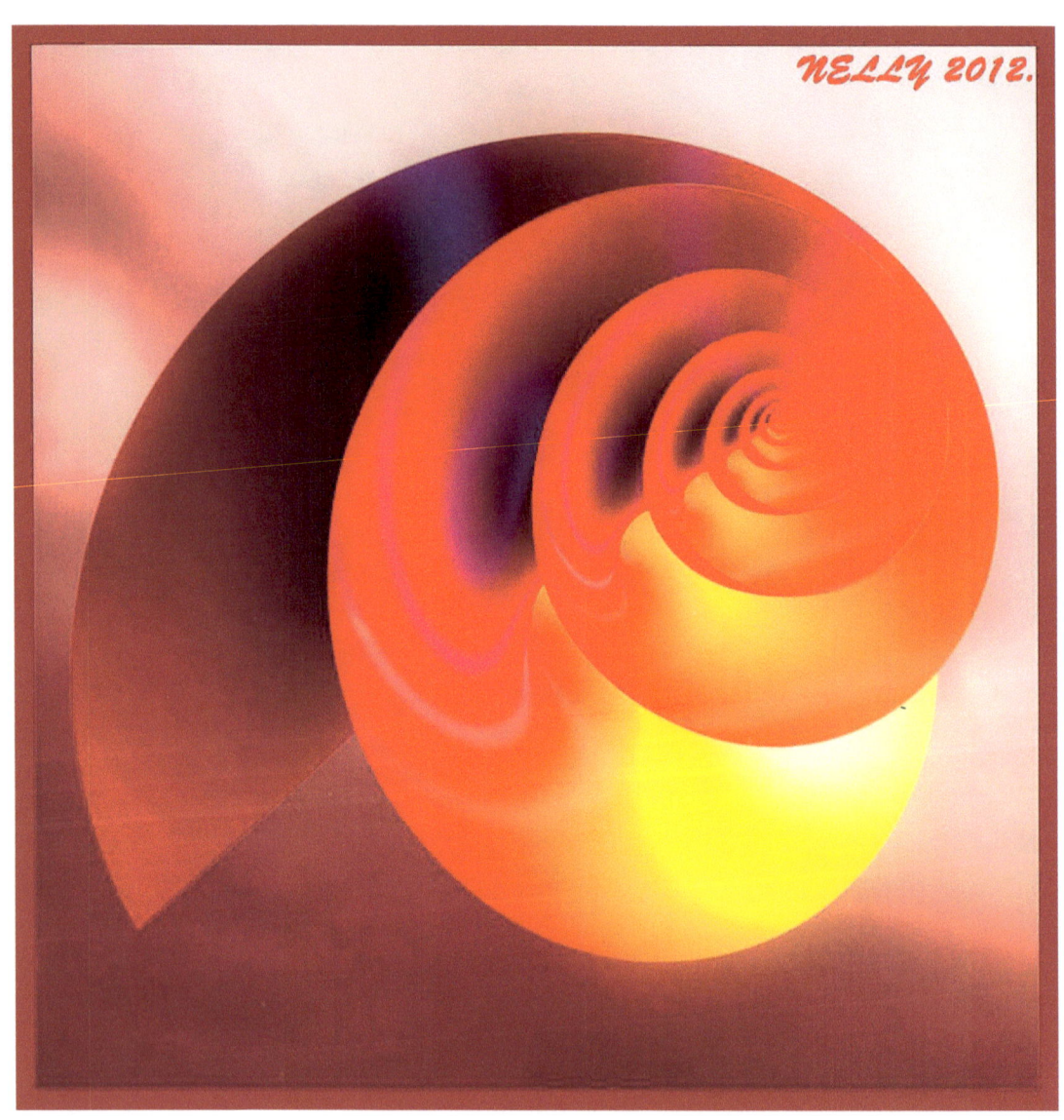

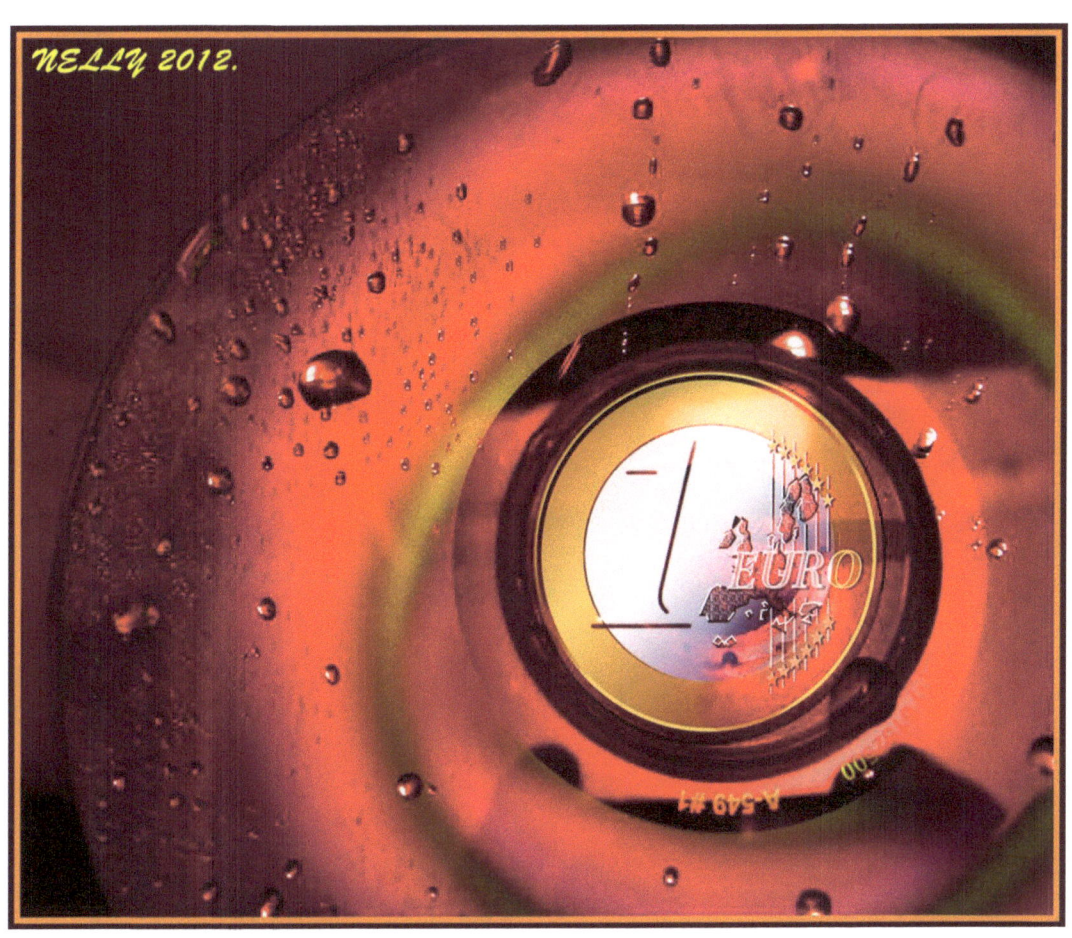

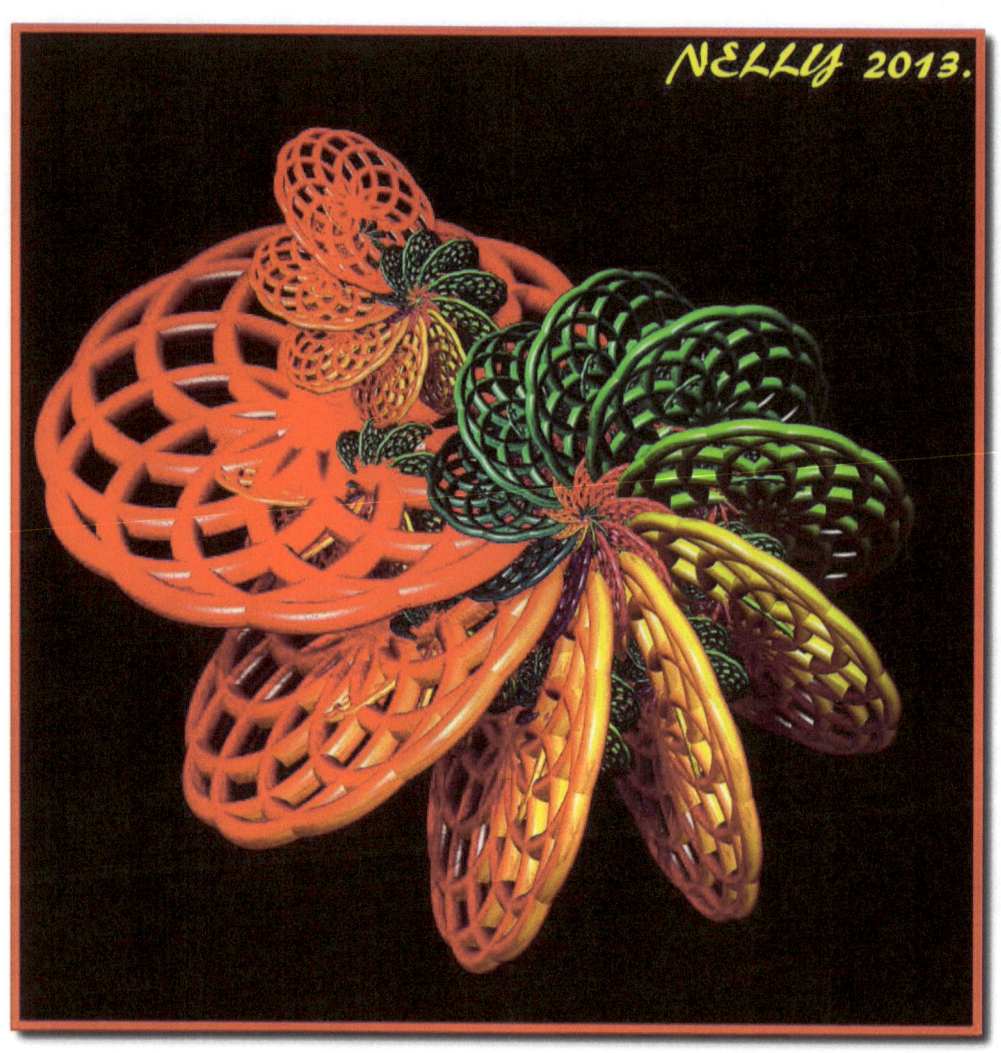

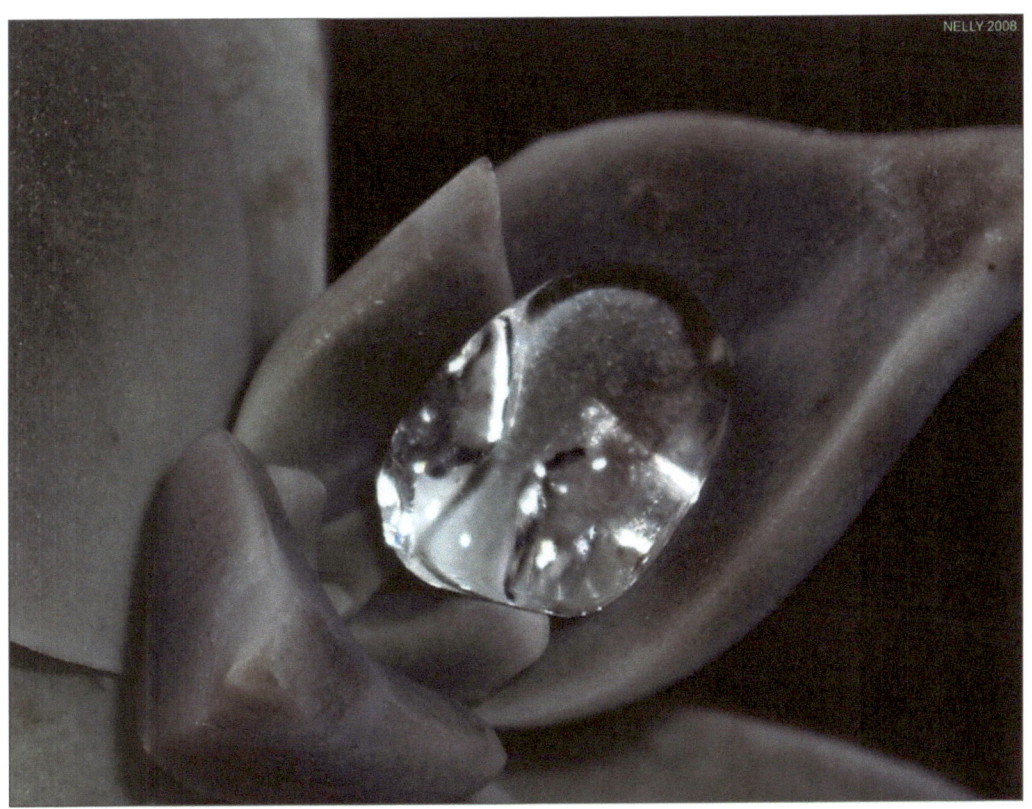

I love the wind, I love life ... I believe in infinity.

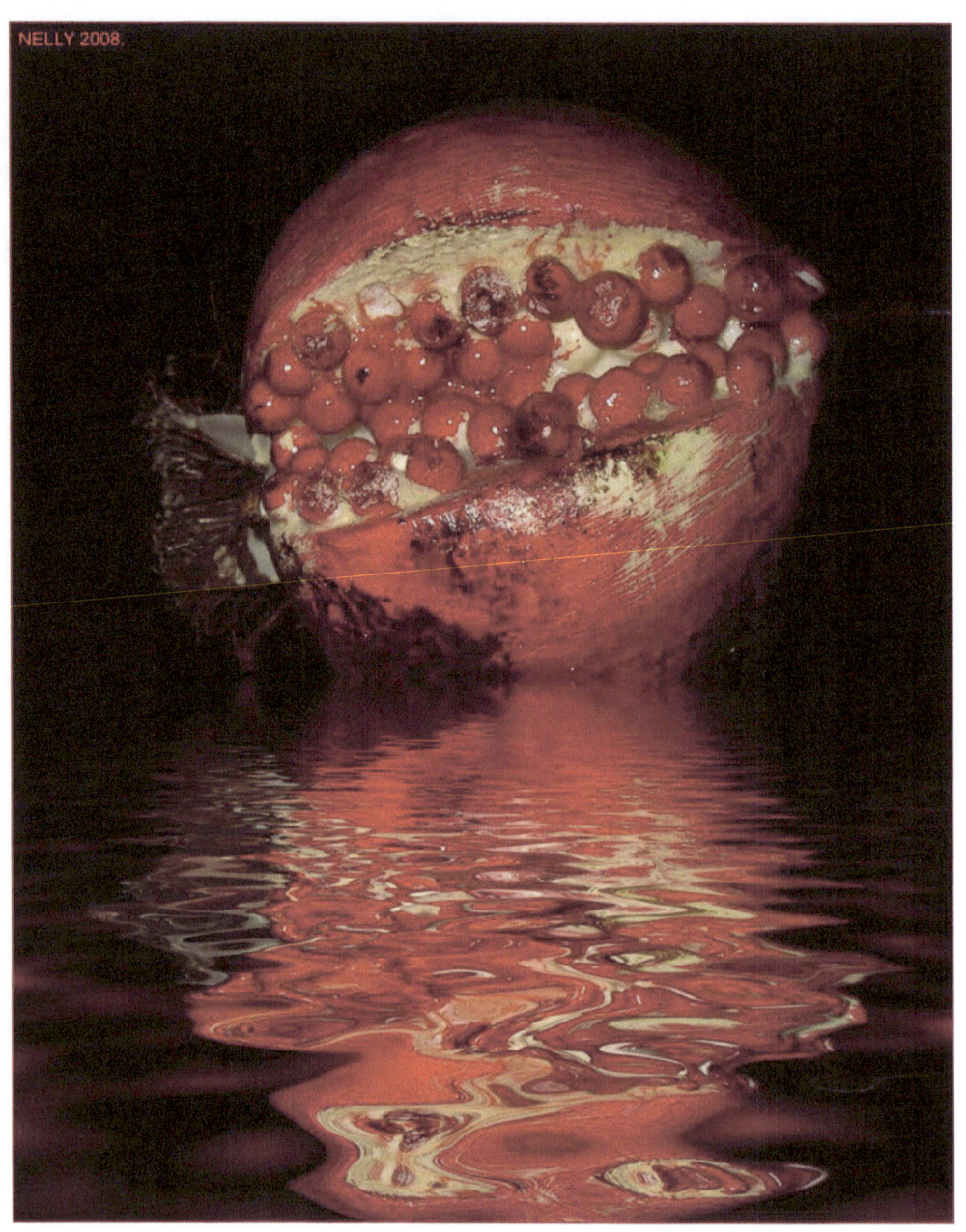

Επίλογος

Έτσι λοιπόν ένα ταξίδι φτάνει στο τέλος του. Δηλαδή θα ξεκινήσει ένα καινούργιο, με νέο προορισμό, νέες εμπειρίες, καινούργιες ματιές, αισθήσεις και συναισθήματα... Κάποιοι λένε πως μετράει το ταξίδι και όχι ο προορισμός. Εγώ λέω πως όλα είναι τέχνη. Θα πρέπει να είναι τέχνη, με αρχή, μέση και τέλος! Υπάρχει και ταξίδι και προορισμός... Η σύλληψη της ιδέας, το σχέδιο, η εφαρμογή, το μεγάλο φινάλε στα μάτια του θεατή, έτοιμος να ταξιδέψει μαζί με τον δημιουργό.

Τα έργα θα μιλήσουν σε κάποιους, σε άλλους όχι. Όλα είναι δεκτά και όλα είναι ρευστά.. Σαν την ζωή είναι και η τέχνη. Η Nelly ξέρει καλά τους άγραφους κανόνες και της ζωής και της τέχνης...
Υπάρχει παράλληλα με αυτούς και δημιουργεί μικρούς θησαυρούς... Συνήθως τους κρύβει καλά μην πέσουν σε βάρβαρα χέρια.. Κάποιες στιγμές τους χαρίζει απλόχερα στο κοινό, επικοινωνώντας μαζί του. Προσφέρει τέχνη και δημιουργία πολλά χρόνια και προχωράει... τα επόμενα λεπτά η σιωπή και η εσωτερική απόλαυση θα μας αφήσει ένα γλυκό χαμόγελο... και σκέψεις περιμένοντας το επόμενο δημιούργημα.

Όλα είναι δρόμος, με χρώματα, αρώματα, και στο κοσμοδρόμιο της απόλαυσης είμαστε έτοιμοι για το επόμενο Project.
Nelly σε ευχαριστούμε για όλα...

Γιώργος Κρουστάλης.

Project 201 art by Nelly
A production by George Kroustalis
© 2014

Το βιβλίο – λεύκωμα αυτό
Δημιουργήθηκε από τον Γιώργο Κρουστάλη
Τον Μάρτιο του 2014 μέσα σε 7 μέρες.
Είναι μια ιδιωτική έκδοση
Και δεν είναι για πώληση.
Άλλωστε η τέχνη δεν έχει τιμή.
Όλα τα ψηφιακά ζωγραφικά έργα είναι της
NELLY (K)
Και ανήκουν όλα σε αυτήν.
© 2014 Γ.Κ
Athens Greece

Vol.1

Συνεχίζεται...